여행 일본어 쓰기 수첩

하루 1줄,

손글씨로 채워가는 나만의 여행 수첩

여행 일본어

쓰기 수첩

시대인

머리말

일본어 쓰기 여행을 시작하는 여러분들께

みなさん、こんにちは!
좋아하는 외국어로 글을 쓰고 현지 사람들과 대화하는 상상을 한 번쯤 해 본 적 있지 않으신가요? 본 도서는 외국어 글쓰기와 현지 원어민과의 프리토킹에 대한 학습자분들의 로망을 실현시켜 드리고자 하는 마음에서 출발하게 되었습니다.

외국어 학습을 그저 '공부'로만 생각한다면 의무감 때문에 오래 지속하기 힘든 것이 사실입니다. 처음에는 흥미롭게 시작했다가 어려운 어휘나 문형들이 등장하면서부터 페이지를 넘기는 속도가 더뎌지고 결국에는 학습을 포기해 버리는 일도 적지 않습니다.

그럼 생각을 바꿔 외국어 학습을 '여행'의 과정으로 생각해 보면 어떨까요? '여행'은 잠시 일상에서 벗어나 새로운 것들을 경험하게 하고 나아가 그 시간들은 삶의 동력이 되고는 합니다. 본 도서는 이러한 여행의 긍정적인 측면을 모티브로 하여 학습자분들이 실제 여행을 떠나며 외국어를 학습하는 듯한 경험을 느껴 보실 수 있도록 내용을 구성하였습니다.

다만 교과서 속에 있는 딱딱한 표현만으로는 현지에서 생길 수 있는 다양한 상황에 충분히 대응하기 어렵습니다. 본 도서는 오랜 일본 현지 생활과 실제 여행 경험을 토대로 일본행 비행기에 오른 순간부터 귀국까지 일본 여행에서 겪을 수 있는 모든 상황들을 9개 챕터로 제시합니다. 각 챕터 안에는 구체적인 상황에서 꼭 필요한 핵심 표현과 추가적으로 함께 활용해 볼 수 있는 연계 표현들을 수록하였습니다. 여행 중에는 현지 사람들에게 나의 '니즈'를 정확하게 전달하는 것이 중요한 만큼 학습자분들이 디테일한 요청, 부탁, 문의 등이 가능하도록 표현을 엄선하였습니다.

각 장 끝에는 '여행칼럼' 페이지를 만들어 잠시 머리를 식히고 학습을 쉬어갈 수 있도록 하였습니다. 좌측에는 현지에서 느낄 수 있는 생각과 인상적인 모습을 감성적으로 담은 '여행 에세이'를, 우측에는 현지 관광 명소 및 시설을 주제로 매력과 볼거리 등을 소개하는 '여행 정보' 코너를 수록하였습니다. 본 페이지로 일본 여행에 대한 설렘과 여행지에 대한 실질적인 정보를 얻어가시길 바랍니다.

또한 부록(나만의 도키도키 여행 노트)에는 학습자분들께 드리는 10개의 여행 표현 미션, 그리고 미션을 클리어하는 과정을 기록할 수 있는 '여행 체크리스트'와 본문에 수록된 표현에 쓰인 단어 가운데 활용도가 높은 것을 골라 모은 '여행 단어 모음집'을 담았습니다. 실제로 일본을 여행하면서 활용해 보시면 즐거움이 배가 될 것입니다.

막상 일본어로 글을 쓰려니 망설여지시나요? 일본어를 잘 모르셔도 괜찮습니다. 처음에는 즐겁게 필사를 한다는 생각으로 여행 표현들을 따라 써 보시고 한국어 발음 표기를 읽어 보세요. 이렇게 한 줄 한 줄 여행 일본어 쓰기 수첩에 나만의 스토리를 채워나가다 보면 어느새 일본어는 로망이 아닌 일상이 되어 있을지 모릅니다. 학습자분들께서 이 책을 통해 일본어에 흥미를 느끼시고 수록된 표현들을 실제 일본 여행에서 활용하신다면 저자로서 이보다 더 큰 기쁨은 없을 것입니다.

그럼, 나만의 일본어 쓰기 여행을 지금 바로 시작해 볼까요?
さあ、行ってみましょう!

이 책의 구성과 활용

학습 준비 및 여행 테마 확인

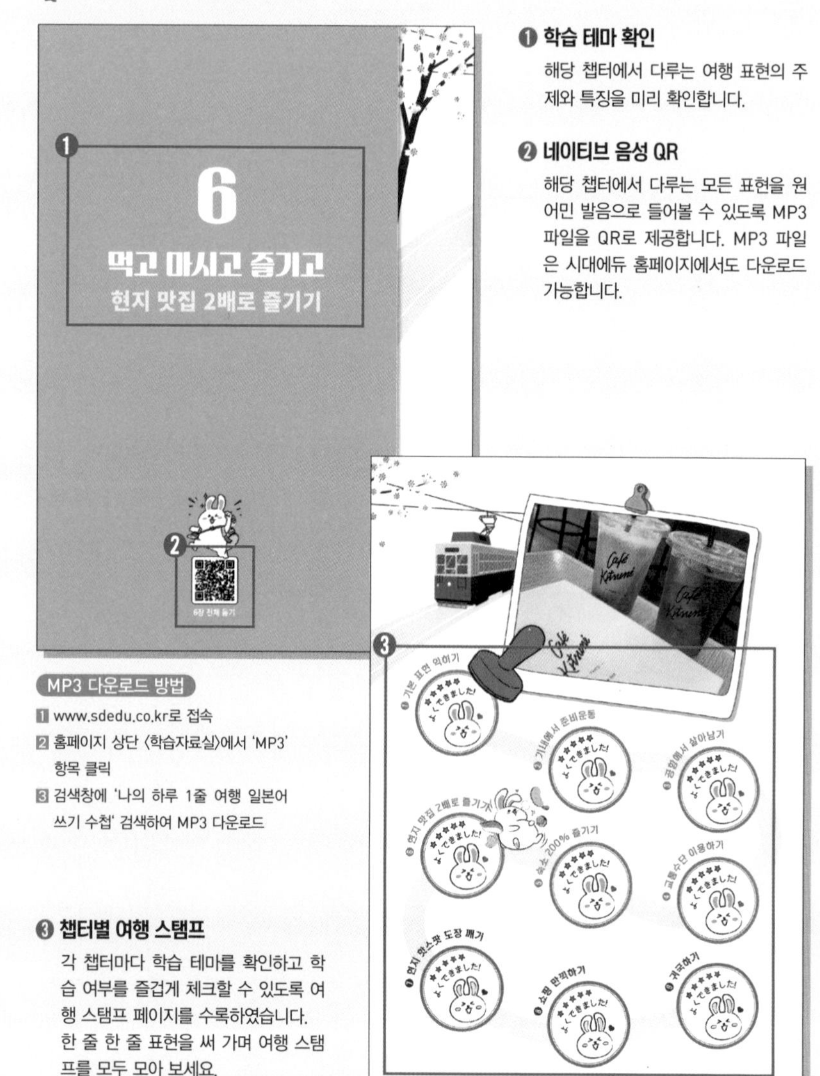

❶ 학습 테마 확인

해당 챕터에서 다루는 여행 표현의 주제와 특징을 미리 확인합니다.

❷ 네이티브 음성 QR

해당 챕터에서 다루는 모든 표현을 원어민 발음으로 들어볼 수 있도록 MP3 파일을 QR로 제공합니다. MP3 파일은 시대에듀 홈페이지에서도 다운로드 가능합니다.

MP3 다운로드 방법

1. www.sdedu.co.kr로 접속
2. 홈페이지 상단 〈학습자료실〉에서 'MP3' 항목 클릭
3. 검색창에 '나의 하루 1줄 여행 일본어 쓰기 수첩' 검색하여 MP3 다운로드

❸ 챕터별 여행 스탬프

각 챕터마다 학습 테마를 확인하고 학습 여부를 즐겁게 체크할 수 있도록 여행 스탬프 페이지를 수록하였습니다. 한 줄 한 줄 표현을 써 가며 여행 스탬프를 모두 모아 보세요.

여행 표현 학습

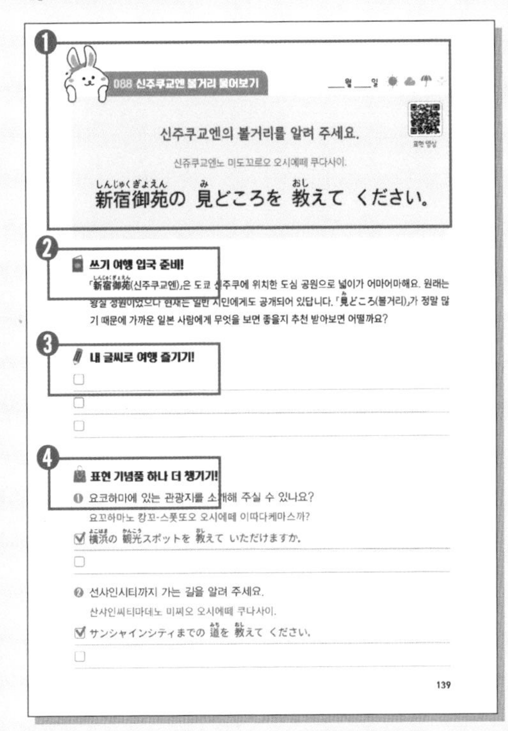
088 신주쿠교엔 볼거리 물어보기

___월 ___일

신주쿠교엔의 볼거리를 알려 주세요.

신쥬쿠교엔노 미도꼬로오 오시에떼 쿠다사이.

新宿御苑(しんじゅくぎょえん)の 見(み)どころを 教(おし)えて ください。

표현 영상

쓰기 여행 입국 준비!

「新宿御苑(신주쿠교엔)」은 도쿄 신주쿠에 위치한 도심 공원으로 넓이가 어마어마해요. 원래는 왕실 정원이었으나 현재는 일반 시민에게도 공개되어 있답니다. 「見どころ(볼거리)」가 정말 많기 때문에 가까운 일본 사람에게 무엇을 보면 좋을지 추천 받아보면 어떨까요?

내 글씨로 여행 즐기기!

☐

☐

☐

표현 기념품 하나 더 챙기기!

① 요코하마에 있는 관광지를 소개해 주실 수 있나요?

요꼬하마노 캉꼬-스폿또오 오시에떼 이따다케마스까?

☑ 横浜(よこはま)の 観光(かんこう)スポットを 教(おし)えて いただけますか。

☐

② 선샤인시티까지 가는 길을 알려 주세요.

산샤인씨티마데노 미찌오 오시에떼 쿠다사이.

☑ サンシャインシティまでの 道(みち)を 教(おし)えて ください。

☐

139

★ 일본어는 띄어쓰기가 없으나 학습 편의를 위해 표현을 띄어쓰기함.

① 핵심 여행 표현 체크

페이지 가장 상단에서 오늘의 핵심 여행 표현을 확인할 수 있습니다. 1, 2장은 최대한 한자를 배제, 히라가나 중심으로 표기하여 자연스럽게 어려운 표현에도 익숙해지도록 구성하였습니다.

★ 우측에 '표현 말하기 영상' QR 수록 (하단 설명 참조)

② 쓰기 여행 입국 준비!

본격적으로 표현을 써 보기에 앞서 해당 표현에 대한 꿀팁과 배경지식 등을 수록하였습니다.

③ 내 글씨로 여행 즐기기!

오늘의 핵심 표현을 직접 내 손글씨로 써 보는 코너입니다. 표현이 익숙해질 수 있도록 밑줄에 맞춰 3번 쓰기에 도전해 보세요.

④ 표현 기념품 하나 더 챙기기!

오늘의 핵심 표현과 함께 활용해 볼 수 있는 추가 표현 2개를 학습하고 손글씨로 써 보는 코너입니다.

표현 말하기 영상

오늘의 핵심 표현을 영상을 보며 듣고 따라 하는 연습을 할 수 있도록 영상 QR을 수록하였습니다. 표현 쓰기와 병행하여 활용해 주세요.

쉬어가기

❶ 여행칼럼1 <여행 에세이>

각 챕터별 학습이 끝나고 잠깐 쉬어가실 수 있도록 여행 에세이를 수록하였습니다. 여행에 대한 글을 읽고 잠든 여행 감성을 깨우며 휴식을 취해 보세요.

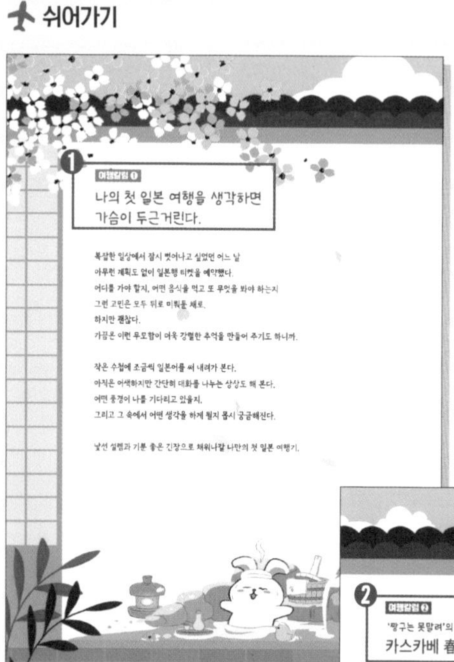

1

여행칼럼 ❶

나의 첫 일본 여행을 생각하면
가슴이 두근거린다.

복잡한 일상에서 잠시 벗어나고 싶었던 어느 날
아무런 계획도 없이 일본행 티켓을 예약했다.
어디를 가야 할지, 어떤 음식을 먹고 또 무엇을 봐야 하는지
그런 고민은 모두 뒤로 미뤄둔 채로.
하지만 괜찮다.
가끔은 이런 무모함이 더욱 강렬한 추억을 만들어 주기도 하니까.

작은 수첩에 조금씩 일본어를 써 내려가 본다.
아직은 어색하지만 간단히 대화를 나누는 상상도 해 본다.
어떤 풍경이 나를 기다리고 있을지,
그리고 그 속에서 어떤 생각을 하게 될지 몹시 궁금해진다.

낯선 설렘과 기분 좋은 긴장으로 채워나갈 나만의 첫 일본 여행기.

❷ 여행칼럼2 <여행 정보>

현지 관광 명소 및 시설 등을 테마로 매력과 볼거리 등을 소개하였습니다. 또한 하단에는 여행 계획을 짤 때 활용하실 수 있도록 여행지에 대한 정보를 QR과 함께 수록하였습니다.

2

여행칼럼 ❷

'짱구는 못말려'의 배경이 된
카스카베 春日部

일본 사이타마현에 위치한 「春日部市(카스카베시)」는 한국에서도 많은 사랑을 받고 있는 애니메이션 「クレヨンしんちゃん(짱구는 못말려)」의 배경이 된 곳이다. 짱구(일본에서는 '신노스케'라고 불린다)는 특별 주민으로 등록되어 있을 만큼 카스카베시의 상징적인 존재가 되었다.

카스카베역에 내리면 가장 먼저 짱구 그림이 눈에 들어온다. 그리고 역 주변을 주의 깊게 살펴보면 개찰구 표지판이나 휴지통 등 여기저기에서 짱구와 짱구 가족들을 만날 수 있다. 그리고 열차가 출발할 때 '짱구는 못말려'의 익숙한 멜로디가 울려 퍼지니 놓치지 말고 한번 들어보자.

역을 나와 시내에 들어서면 짱구 캐릭터로 가득한 시내버스가 눈에 들어온다. 버스의 외관뿐만 아니라 버스 내부에도 짱구의 세계관이 잘 반영된 디자인으로 가득하다. 그리고 버스에서는 짱구 캐릭터가 담긴 오리지널 승차권도 배부하고 있기 때문에 짱구를 좋아하는 분들에게는 기념이 될 것 같다.

그 밖에도 짱구 일러스트가 그려진 전병을 맛볼 수 있는 약 70년 전통의 전병 전문점 「エス・テラス(에스 테라스)」나 짱구 애니메이션의 원화 전시와 엽서 등을 판매하는 관광안내소 「ぷらっとかすかべ(푸랏또 카스카베)」 등 카스카베에는 다양한 짱구 굿즈 상품과 기념품들이 즐비하다.

카스카베(春日部)

주소 | 사이타마현 카스카베시 카스카베마치 1-10-1(카스카베역 기준)
웹사이트 | https://www.visit-kasukabe.jp(카스카베시관광협회)
가는 길 | 토부노다선 '카스카베역' 하차
주의사항 | 사이타마는 한여름 40도까지 기온이 오르는 경우가 있어 7~8월 방문은 비추천

여행지 살펴보기

이 책의 차례

CONTENTS

CHAPTER 3
일본 공항도 문제 없지
공항에서 살아남기

CHAPTER 4
조금 복잡하지만 괜찮아
교통수단 이용하기

CHAPTER 5
내가 묵을 곳은 여기
숙소 200% 즐기기

CHAPTER 6
먹고 마시고 즐기고
현지 맛집 2배 즐기기

CHAPTER 7
나도 가볼래
현지 핫스팟 도장 깨기

CHAPTER 8
지갑이 마구 열린다
쇼핑 만끽하기

CHAPTER 9
일본, 다시 만나자
귀국하기

부록
나만의 도키도키 여행 노트

미리 읽어 보는 일본

일본 지도를 보고 각 지역 대표 도시가 어디에 있는지 알아봅시다!

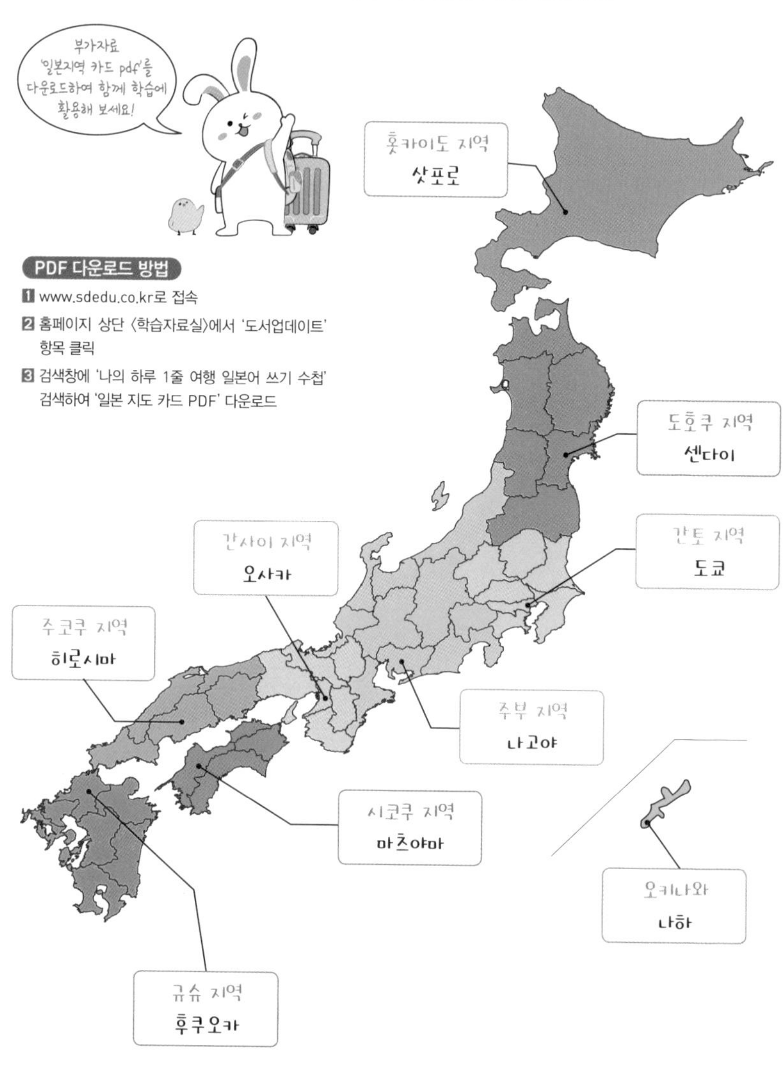

PDF 다운로드 방법

1. www.sdedu.co.kr로 접속
2. 홈페이지 상단 〈학습자료실〉에서 '도서업데이트' 항목 클릭
3. 검색창에 '나의 하루 1줄 여행 일본어 쓰기 수첩' 검색하여 '일본 지도 카드 PDF' 다운로드

각 지역별 현지 사람들의 성격과 이미지, 특징들을 알아봅시다!

北海道・東北地方 홋카이도, 도호쿠 지역

대자연 속에서 여유롭고 느긋하게 자라 온 만큼 홋카이도 사람들은 대범한 성격이 특징입니다. 19세기말 이후 홋카이도 땅을 개척하기 위해 많은 혼슈 사람들이 이주하였고 그 영향으로 전통이나 관습 등에 얽매이기보다는 자유롭고 긍정적인 사람들이 많습니다.

겨울 추위를 견디며 살아온 도호쿠 지역 사람들은 참을성이 많고 성실하며 절제를 잘하는 기질을 가지고 있습니다. 편의점 출입문이 이중으로 되어 있거나 전철을 탈 때 버튼을 누르고 탑승하는 등 추운 지역의 특성이 잘 녹아있는 곳입니다.

홋카이도, 아오모리현, 이와테현, 미야기현, 아키타현, 야마가타현, 후쿠시마현

関東地方 간토 지역

중앙에는 간토평야가 넓게 퍼져 있고 북서쪽에는 산악 지대가, 남동쪽에는 태평양 바다가 위치한 간토 지역은 일본 전체 인구의 1/3이 살고 있는 인구 밀집 지역입니다.

솔직하고 정이 많은 반면 성격이 다소 급하고 감정적인 부분이 있는 군마현 사람들, 밝고 시원시원하며 마이 페이스적 기질이 있는 지바현 사람들, 소박하고 조심스러우며 약간 마이웨이를 하면서도 은근히 협조적인 사이타마 사람들까지 여러 성격의 사람들이 고루 모여 있는 곳입니다.

도쿄는 현재 타 지역 출신 사람들이 많은 비율을 차지하고 있고 도쿄 토박이는 많이 줄어든 상황이지만, 예로부터 도쿄 사람들은 자신감이 있고 정열적이며 인심이 좋았다고 합니다.

이바라키현, 도치기현, 군마현, 사이타마현, 지바현, 도쿄도, 가나가와현

中部地方 주부 지역

혼슈 중앙에 위치한 지역으로 우리나라 동해를 바라보는 호쿠리쿠 지역, 태평양을 앞에 둔 도카이 지역 그리고 내륙의 산악지대까지 3개의 지역으로 나뉘어 기후도 문화도 다른 것이 특징인 곳입니다.

겨울철에 많은 눈이 내리는 호쿠리쿠 지역 사람들은 인내심이 많고 근면 성실한 것이 특징이며, 내륙 사람들은 사람을 잘 따르고 융통성이 있는 사람들이 많습니다. 태평양 바다를 접하고 일 년 내내 따뜻한 시즈오카현 사람들은 온화한 성격을 가지고 있습니다. 아이치현 사람들은 검소한 것으로 유명하지만 결혼식만큼은 호화스럽게 치르기도 합니다. 나고야에서는 혼수품을 트럭 짐칸에 싣고 이웃 사람들에게 보여주며 신혼집까지 이동하거나 결혼식 하객을 향해 과자를 뿌리는 재미있는 풍습이 있습니다.

니가타현, 도야마현, 이시카와현, 후쿠이현, 야마나시현, 나가노현, 기후현, 시즈오카현, 아이치현

関西地方 간사이 지역

간사이 지역은 옛 수도로서 일본의 정치, 문화, 경제의 중심지였던 나라현과 교토, 일본 개그의 성지라고 할 수 있는 오사카, 그리고 일본 신사 중 가장 큰 규모를 자랑하는 이세신궁이 있는 미에현까지 개성이 철철 넘치는 사람들이 모여있는 곳입니다. 일본 전체 국보 및 중요문화재의 60%, 일본 세계문화유산의 약 절반 정도가 모여있는 명실상부 일본의 역사, 문화의 중심지라고 할 수 있는 지역입니다.

전반적으로 느긋하고 온화한 사람이 많은 미에현과 나라현 사람들, 부드럽지만 프라이드가 강하고 다소 폐쇄적인 부분도 있는 교토 사람들, 싹싹하고 정이 많은 오사카 사람들, 정직하고 근면한 시가현 사람들, 센스가 좋기로 소문난 효고현 사람들, 마지막으로 낙천적이며 화통한 와카야마현 사람들에 이르기까지 간사이 지역은 지역적 특색이 사람들의 성격에 잘 녹아있는 흥미로운 곳입니다.

미에현, 시가현, 교토부, 오사카부, 효고현, 나라현, 와카야마현

中国 · 四国地方 주코쿠, 시코쿠 지역

강수량이 적고 일 년 내내 맑은 하늘을 볼 수 있는 오카야마현, 히로시마현, 야마구치현 남부, 가가와현, 에히메현 등은 밝고 긍정적인 사람들이 많습니다. 동해를 바라보고 겨울에는 꽤 많은 눈이 내리는 지역인 돗토리현과 시마네현 사람들은 내성적이고 조심스럽지만 성실하고 참을성이 많은 것이 특징입니다. 도쿠시마현과 고치현은 함께 태평양 바다를 접하고 있지만 온화하고 마이웨이적인 기질이 다분한 도쿠시마현 사람들에 비해 고치현 사람들은 자유분방하고 천진난만한 성격을 가지고 있습니다.

★ 돗토리현, 시마네현, 오카야마현, 히로시마현, 야마구치현, 도쿠시마현, 가가와현, 에히메현, 고치현

九州 · 沖縄地域 규슈, 오키나와 지역

일본의 현관문이자 바다를 중심으로 발달한 후쿠오카현이나 외국과의 교역이 활발했던 나가사키현을 시작으로 풍부한 자연환경을 자랑하는 규슈 지역은 독특한 문화를 자랑하는 만큼 사람들의 성격과 기질도 각양각색입니다. 따뜻한 지역이지만 구마모토현의 아소산이나 규슈산지 등의 높은 곳에서는 눈이 내리기도 합니다.

무역항으로서 외국과의 교류가 잦았던 후쿠오카, 나가사키현 사람들은 개방적인 편이며 사가현 사람들은 꼼꼼하고 완고한 면이 있습니다. 국내에서도 유명한 온천 관광지 유후인이 위치한 오이타현의 사람들은 다소 자기중심적인 면모가 있으면서도 실은 봉사 정신이 투철한 모습을 가지고 있기도 합니다. 태평양을 바라보고 있는 미야자키현 사람들은 느긋하고 앞뒤가 다르지 않은 성격이 특징입니다. 완고하고 보수적인 성향의 구마모토현 사람들과 강인한 성격의 가고시마현 사람들은 일본 내 규슈남자의 이미지와 많이 닮아있습니다.

★ 후쿠오카현, 사가현, 나가사키현, 구마모토현, 오이타현, 미야자키현, 가고시마현, 오키나와현

미리 챙겨 보는 여행 단어

여행에 꼭 필요한 필수 표현들을 캐리어에 미리 담아 봅시다!

숫자

숫자	읽기	숫자	읽기	숫자	읽기
0	ぜろ/れい 제로/레-	11	じゅういち 쥬-이찌	40	よんじゅう 욘쥬-
1	いち 이찌	12	じゅうに 쥬-니	50	ごじゅう 고쥬-
2	に 니	13	じゅうさん 쥬-상	60	ろくじゅう 로꾸쥬-
3	さん 상	14	じゅうよん 쥬-용	70	ななじゅう 나나쥬-
4	よん/し 용/시	15	じゅうご 쥬-고	80	はちじゅう 하찌쥬-
5	ご 고	16	じゅうろく 쥬-로꾸	90	きゅうじゅう 큐-쥬-
6	ろく 로꾸	17	じゅうしち /じゅうなな 쥬-시찌/쥬-나나	100	ひゃく 햐꾸
7	しち/なな 시찌/나나	18	じゅうはち 쥬-하찌	1000	せん 셍
8	はち 하찌	19	じゅうきゅう /じゅうく 쥬-큐-/쥬-쿠	10000	いちまん 이찌망
9	きゅう/く 큐-/쿠	20	にじゅう 니쥬-		
10	じゅう 쥬-	30	さんじゅう 산쥬-		

시간

	시	분	월
1	いちじ 이찌지	いっぷん 입뿡	いちがつ 이찌가쯔
2	にじ 니지	にふん 니훙	にがつ 니가쯔
3	さんじ 산지	さんぷん 삼뿡	さんがつ 상가쯔
4	よじ 요지	よんぷん 욤뿡	しがつ 시가쯔
5	ごじ 고지	ごふん 고훙	ごがつ 고가쯔
6	ろくじ 로꾸지	ろっぷん 롭뿡	ろくがつ 로꾸가쯔
7	しちじ 시찌지	ななふん 나나훙	しちがつ 시찌가쯔
8	はちじ 하찌지	はっぷん 합뿡	はちがつ 하찌가쯔
9	くじ 쿠지	きゅうふん 큐-훙	くがつ 쿠가쯔
10	じゅうじ 쥬-지	じゅっぷん 즙뿡	じゅうがつ 쥬-가쯔
11	じゅういちじ 쥬-이찌지	–	じゅういちがつ 쥬-이찌가쯔
12	じゅうにじ 쥬-니지	–	じゅうにがつ 쥬-니가쯔
20	–	にじゅっぷん 니즙뿡	–
30	–	さんじゅっぷん / はん 산즙뿡/항	–
몇	なんじ 난지	なんぷん 남뿡	なんがつ 낭가쯔

요일

월요일	화요일	수요일	목요일
げつようび 게쯔요-비	かようび 카요-비	すいようび 스이요-비	もくようび 모꾸요-비
금요일	**토요일**	**일요일**	**무슨 요일**
きんようび 킹요-비	どようび 도요-비	にちようび 니찌요-비	なんようび 난요-비

날짜

1일	2일	3일	4일	5일
ついたち 츠이타찌	ふつか 후쯔까	みっか 믹까	よっか 욕까	いつか 이쯔까
6일	**7일**	**8일**	**9일**	**10일**
むいか 무이까	なのか 나노까	ようか 요-까	ここのか 코코노까	とおか 토-까
11일	**12일**	**13일**	**14일**	**15일**
じゅういちにち 쥬-이찌니찌	じゅうににち 쥬-니니찌	じゅうさんにち 쥬-산니찌	じゅうよっか 쥬-욕까	じゅうごにち 쥬-고니찌
16일	**17일**	**18일**	**19일**	**20일**
じゅうろくにち 쥬-로꾸니찌	じゅうしちにち 쥬-시찌니찌	じゅうはちにち 쥬-하찌니찌	じゅうくにち 쥬-쿠니찌	はつか 하츠까
21일	**22일**	**23일**	**24일**	**25일**
にじゅういちにち 니쥬-이찌니찌	にじゅうににち 니쥬-니니찌	にじゅうさんにち 니쥬-산니찌	にじゅうよっか 니쥬-욕까	にじゅうごにち 니쥬-고니찌
26일	**27일**	**28일**	**29일**	**30일**
にじゅうろくにち 니쥬-로꾸니찌	にじゅうしちにち 니쥬-시찌니찌	にじゅうはちにち 니쥬-하찌니찌	にじゅうくにち 니쥬-쿠니찌	さんじゅうにち 산쥬-니찌
31일	**며칠**			
さんじゅういちにち 산쥬-이찌니찌	なんにち 난니찌			

시제

엊그제	어제	오늘	내일
おととい 오또또이	きのう 키노-	きょう 쿄-	あした 아시따
내일 모레	**이번 주**	**다음 주**	**언제**
あさって 아삿떼	こんしゅう 콘슈-	らいしゅう 라이슈-	いつ 이쯔

물건 개수 세는 법

1개	2개	3개	4개	5개	6개
ひとつ/いっこ 히토쯔/익꼬	ふたつ/にこ 후타쯔/니꼬	みっつ/さんこ 밋쯔/상꼬	よっつ/よんこ 욧쯔/용꼬	いつつ/ごこ 이쯔쯔/고꼬	むっつ/ろっこ 뭇쯔/록꼬
7개	**8개**	**9개**	**10개**	**몇 개**	
ななつ/ななこ 나나쯔 /나나꼬	やっつ /はちこ · はっこ 얏쯔 /하찌꼬·학꼬	ここのつ /きゅうこ 코코노쯔/큐-꼬	とお /しゅっこ 토-/즉꼬	いくつ/なんこ 이쿠쯔/낭꼬	

사람 인원수 세는 법

1명	2명	3명	4명	5명
ひとり /いちめい 히또리/이찌메-	ふたり /にめい 후따리/니메-	さんにん /さんめい 산닝/삼메-	よにん /よんめい 요닝/욤메-	ごにん /ごめい 고닝/고메-
6명	**7명**	**8명**	**9명**	**10명**
ろくにん /ろくめい 로꾸닝/로꾸메-	しちにん·ななにん /しちめい·ななめい 시찌닝 • 나나닝 /시찌메- • 나나메-	はちにん /はちめい 하찌닝/하찌메-	きゅうにん /きゅうめい 큐-닝/큐-메-	じゅうにん /じゅうめい 쥬-닝/쥬-메-
11명	**12명**	**20명**	**100명**	**몇 명**
じゅういちにん /じゅういちめい 쥬-이찌닝 /쥬-이찌메-	じゅうににん /じゅうにめい 쥬-니닝 /쥬-니메-	にじゅうにん /にじゅうめい 니쥬-닝 /니쥬-메-	ひゃくにん /ひゃくめい 햐꾸닝 /햐꾸메-	なんにん /なんめい 난닝 /남메-

건물 층수 세는 법

1층	2층	3층	4층	5층	6층
いっかい 익까이	にかい 니까이	さんがい 상가이	よんかい 용까이	ごかい 고까이	ろっかい 록까이
7층	**8층**	**9층**	**10층**	**20층**	**몇 층**
ななかい 나나까이	はちかい ·はっかい 하찌까이 /학까이	きゅうかい 큐-까이	じゅっかい 쥭까이	にじゅっかい 니쥭까이	なんがい 낭가이

위치

위	아래	앞	뒤	안	바깥
うえ 우에	した 시따	まえ 마에	うしろ 우시로	なか 나까	そと 소또
옆	**근처**	**왼쪽**	**오른쪽**	**맞은편**	**어디**
よこ 요꼬	ちかく 치까꾸	ひだり 히다리	みぎ 미기	むかい 무까이	どこ 도꼬

미리 해 보는 쓰기 연습

아래 일본어 문장을 따라 써 보며 손가락 스트레칭을 해 보세요!

旅(たび)というものは、時間(じかん)の中(なか)に純粋(じゅんすい)に
身(み)を委(ゆだ)ねることだ。

-후쿠나가 다케히코 <풍토> 중에서

따라 써 보기!

旅というものは、時間の中に純粋に
身を委ねることだ。

내 글씨로 처음부터 써 보기!

해석 여행이란 시간 속에 순수하게 몸을 내맡기는 것이다.

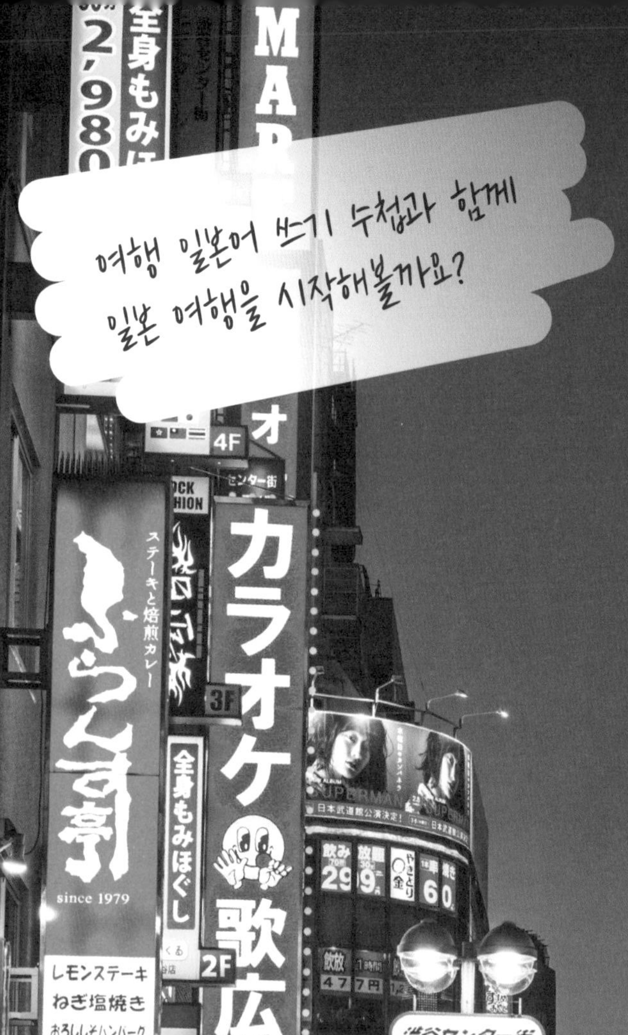

여행 일본어 쓰기 수첩과 함께
일본 여행을 시작해볼까요?

江戸前
お好み焼
もんじゃ
5·6F
4F
DONA
B1F
椿屋カフェ
2·3F
FamilyMart
BURGER KING
センタービル
麻雀
1F/2F
105席
渋谷センター街
九十九島
85席
江戸前
お好み焼
もんじゃ
5·6F
ケーキと
お食事
2·3F
スパゲッティ食堂
DONA
B1F
椿屋カフェ

1

설레는 나의 첫 일본 여행

기본 표현 익히기

1장 전체 듣기

121
❶ 기본 표현 익히기
❷ 기내에서 준비운동
❸ 공항에서 살아남기
❹ 교통수단 이용하기
❺ 숙소 200% 즐기기
❻ 현지 맛집 2배로 즐기기
❼ 현지 핫스팟 도장 깨기
❽ 쇼핑 만끽하기
❾ 귀국하기
よくできました!

안녕하세요.

곤니찌와.

こんにちは。

쓰기 여행 입국 준비!

가장 흔하게 들을 수 있는 인사 표현으로 주로 점심 때 사용한답니다. 여행지에서 일본 사람들을 만났을 때 반갑게 「こんにちは!」라고 인사를 건네 보면 어떨까요?

내 글씨로 여행 즐기기!

☐

☐

☐

표현 기념품 하나 더 챙기기!

❶ 안녕하세요. (아침 인사)

오하요-고자이마스.

☑ おはようございます。

☐

❷ 안녕하세요. (저녁 인사)

곰방와.

☑ こんばんは。

☐

감사해요.

아리가또-고자이마스.

ありがとうございます。

쓰기 여행 입국 준비!

호텔이나 식당 등 다양한 장소에서 쓸 수 있는 감사 표현이에요. 다소 긴 표현이라 간단하게 말하고 싶을 때는 대신「どうも(고마워요)」를 사용해도 된답니다.

내 글씨로 여행 즐기기!

☐

☐

☐

표현 기념품 하나 더 챙기기!

❶ 고마워. (반말 표현)

아리가또-.

☑ ありがとう。

☐

❷ 고마워요.

도-모.

☑ どうも。

☐

잘 먹겠습니다.

이따다끼마스.

いただきます。

쓰기 여행 입국 준비!

식사를 하기 전에 감사히 먹겠다는 뉘앙스로 사용할 수 있어요. 드라마 '고독한 미식가'의 주인공 고로 씨처럼 혼자 밥을 먹을 때 혼잣말처럼 말하기도 하고 밥을 대접받았을 때 상대에게 말하고 식사를 시작하기도 한답니다.

내 글씨로 여행 즐기기!

☐

☐

☐

표현 기념품 하나 더 챙기기!

❶ 잘 먹었습니다.

고찌소-사마데시따.

☑ ごちそうさまでした。

☐

❷ 정말 맛있었어요.

도떼모 오이시깟따데스.

☑ とても おいしかったです。

☐

표현 영상

죄송해요.

스미마셍.

すみません。

쓰기 여행 입국 준비!

'죄송해요'라는 뜻의 사과 표현이에요. 앞에 '정말', '매우'라는 의미의 부사 「どうも」를 붙여 「どうも すみません」이라고 하면 '정말 죄송해요'와 같이 더욱 정중한 사과의 뉘앙스를 줄 수 있답니다. 추가로 「すみません」은 말할 때 「すいません」으로 발음하기도 해요.

내 글씨로 여행 즐기기!

☐

☐

☐

표현 기념품 하나 더 챙기기!

❶ 미안해요. / 죄송해요.

고멘나사이.

☑ ごめんなさい。

☐

❷ 정말 죄송해요.

도-모 스미마셍.

☑ どうも すみません。

☐

김태형이에요.

키무 테횽데스.

キム テヒョンです。

쓰기 여행 입국 준비!

여행지에서는 이름을 말할 일이 많이 있지요? 그럴 땐 심플하게 이름을 넣어「○○○です」라고 하면 된답니다.

내 글씨로 여행 즐기기!

☐

☐

☐

표현 기념품 하나 더 챙기기!

❶ 처음 뵙겠습니다.

하지메마시떼.

☑ はじめまして。

☐

❷ 잘 부탁드려요.

요로시꾸 오네가이시마스.

☑ よろしく おねがいします。

☐

표현 영상

한국에서 왔어요.

캉꼬꾸까라 키마시따.

韓国(かんこく)から きました。

쓰기 여행 입국 준비!

'~에서 왔어요'라는 표현인 「～から 来(き)ました」에 '한국'이라는 뜻의 단어 「韓国(かんこく)」를 넣어 만든 표현이랍니다. 현지 사람에게 한국에서 온 것을 전달해 보세요.

내 글씨로 여행 즐기기!

☐ ______

☐ ______

☐ ______

표현 기념품 하나 더 챙기기!

❶ 한국인이에요.

캉꼬꾸진데스.

☑ 韓国人(かんこくじん)です。

☐ ______

❷ 한국 서울에서 왔어요.

캉꼬꾸 소우루까라 키마시따.

☑ 韓国(かんこく)ソウルから きました。

☐ ______

한국어 아세요?

캉꼬꾸고 와까리마스까?

かんこくご
韓国語 わかりますか。

쓰기 여행 입국 준비!

「わかりますか」는 '아세요?'라는 뜻이에요. 현지 사람에게 한국어가 가능한지 물어보고 싶을 때 활용해 보세요.

내 글씨로 여행 즐기기!

☐

☐

☐

표현 기념품 하나 더 챙기기!

❶ 몰라요.

와까리마셍.

☑ わかりません。

☐

❷ 조금 알아요.

스꼬시 와까리마스.

☑ すこし わかります。

☐

네.

하이.

はい。

쓰기 여행 입국 준비!

우리말의 '네'라는 의미예요. 반대로 '아니요'는 「いいえ」라고 해요.

내 글씨로 여행 즐기기!

☐

☐

☐

표현 기념품 하나 더 챙기기!

❶ 네, 맞아요.

하이, 소-데스.

☑ はい、そうです。

☐

❷ 아니요.

이-에.

☑ いいえ。

☐

이거, 얼마예요?

고레, 이꾸라데스까?

これ、いくらですか。

쓰기 여행 입국 준비!

'이거'라는 뜻의 「これ」와 함께 사용하면 내가 원하는 물건의 가격을 물어볼 수 있답니다.

내 글씨로 여행 즐기기!

- [ ]
- [ ]
- [ ]

표현 기념품 하나 더 챙기기!

❶ 저건 얼마예요?

아레와 이꾸라데스까?

- [x] あれは いくらですか。
- [ ]

❷ 이거 전부 다 해서 얼마예요?

고레 젬부데 이꾸라데스까?

- [x] これ ぜんぶで いくらですか。
- [ ]

표현 영상

화장실은 어디에 있나요?

토이레와 도꼬데스까?

トイレは どこですか。

쓰기 여행 입국 준비!

현지에서 원하는 장소가 안 보이면 곤란하겠죠? 이럴 땐 가까운 일본 사람에게 이렇게 물어 보세요. 「トイレ(화장실)」, 「コンビニ(편의점)」 등 상황에 맞게 찾는 장소 단어를 넣으면 된답니다.

내 글씨로 여행 즐기기!

☐

☐

☐

표현 기념품 하나 더 챙기기!

❶ 슈퍼마켓은 어디에 있나요?

스-빠-와 도꼬니 아리마스까?

☑ スーパーは どこに ありますか。

☐

❷ 출구는 어디에 있나요?

데구찌와 도찌라데스까?

☑ でぐちは どちらですか。

☐

나의 첫 일본 여행을 생각하면 가슴이 두근거린다.

복잡한 일상에서 잠시 벗어나고 싶었던 어느 날
아무런 계획도 없이 일본행 티켓을 예약했다.
어디를 가야 할지, 어떤 음식을 먹고 또 무엇을 봐야 하는지
그런 고민은 모두 뒤로 미뤄둔 채로.
하지만 괜찮다.
가끔은 이런 무모함이 더욱 강렬한 추억을 만들어 주기도 하니까.

작은 수첩에 조금씩 일본어를 써 내려가 본다.
아직은 어색하지만 간단히 대화를 나누는 상상도 해 본다.
어떤 풍경이 나를 기다리고 있을지,
그리고 그 속에서 어떤 생각을 하게 될지 몹시 궁금해진다.

낯선 설렘과 기분 좋은 긴장으로 채워나갈 나만의 첫 일본 여행기.

여행칼럼 ②

새로운 도쿄 뷰 맛집,

시부야 스카이 渋谷スカイ

도쿄타워, 스카이트리에 이어 도쿄의 멋진 전망을 감상할 수 있는 공간이 하나 더 늘었다. 이름은 「渋谷(しぶや)スカイ(시부야 스카이)」. '스카이'라는 이름에 걸맞게 시부야 초고층 건물에서 파노라마 뷰를 감상할 수 있다는 점이 가장 큰 매력이다. 옥상 전망대에 서 있으면 마치 하늘에 붕 떠 있는 것 같은 느낌을 받을 수 있으며, 360도 모든 방향으로 뚫려 있기 때문에 하늘의 일부분이 된 듯한 착각마저 불러일으킨다.

시부야 스카이를 이용하라면 먼저 「渋谷(しぶや)スクランブルスクエア(시부야 스크럼블 스퀘어)」건물 14층으로 가야 한다. 그리고 매표소에서 티켓을 현장 구매하거나 사전에 예약을 했다면 전용 앱 내 예약 화면을 직원에게 보여주고 엘리베이터 대기 줄에 서면 된다. 엘리베이터에 들어가게 되면 옥상으로 올라가는 동안 안에서는 강렬한 영상이 입체 음향과 함께 펼쳐진다. 최고층인 46층에 도착해 엘리베이터가 열리면 눈앞에는 광대한 하늘과 함께 작아진 도쿄 거리의 건물들이 한눈에 펼쳐진다.

사실 입이 떡 벌어지는 뷰를 보려면 여기서 조금만 더 가야 한다. 엘리베이터 바깥에 위치한 에스컬레이터를 타고 옥상 전망대(SKY STAGE)로 올라가 보자. 지상 약 230m 높이에서 어디까지나 이어질 듯한 도쿄 거리의 풍경과 자유로움을 가득 만끽할 수 있다. 곳곳에 놓인 소파와 해먹에 누워 쉬는 것도 좋다. 그러다 지루해졌을 때쯤 포토 스팟으로 유명한 '구석진 공간'을 찾아보자. 워낙 유명한 곳이니만큼 많은 사람들이 줄 서서 기다리고 있어 어렵지 않게 찾을 수 있다.

✈ SHIBUYA SKY(渋谷スカイ)

여행지 살펴보기

주소 | 도쿄 시부야구 시부야 2-24-12 시부야 스크램블 스퀘어 46층(입구는 14층)

영업시간 | 9:00~23:00

웹사이트 | https://www.shibuya-scramble-square.com/sky

가는 길 | JR야마노테선 • 도쿄 메트로 '시부야역' 하차

주의사항 | 현장이 관광객들로 매우 붐비기 때문에 티켓은 사전에 온라인으로 예약하는 것을 추천

2

워밍업으로 몸풀기

기내에서 준비운동

2장 전체 듣기

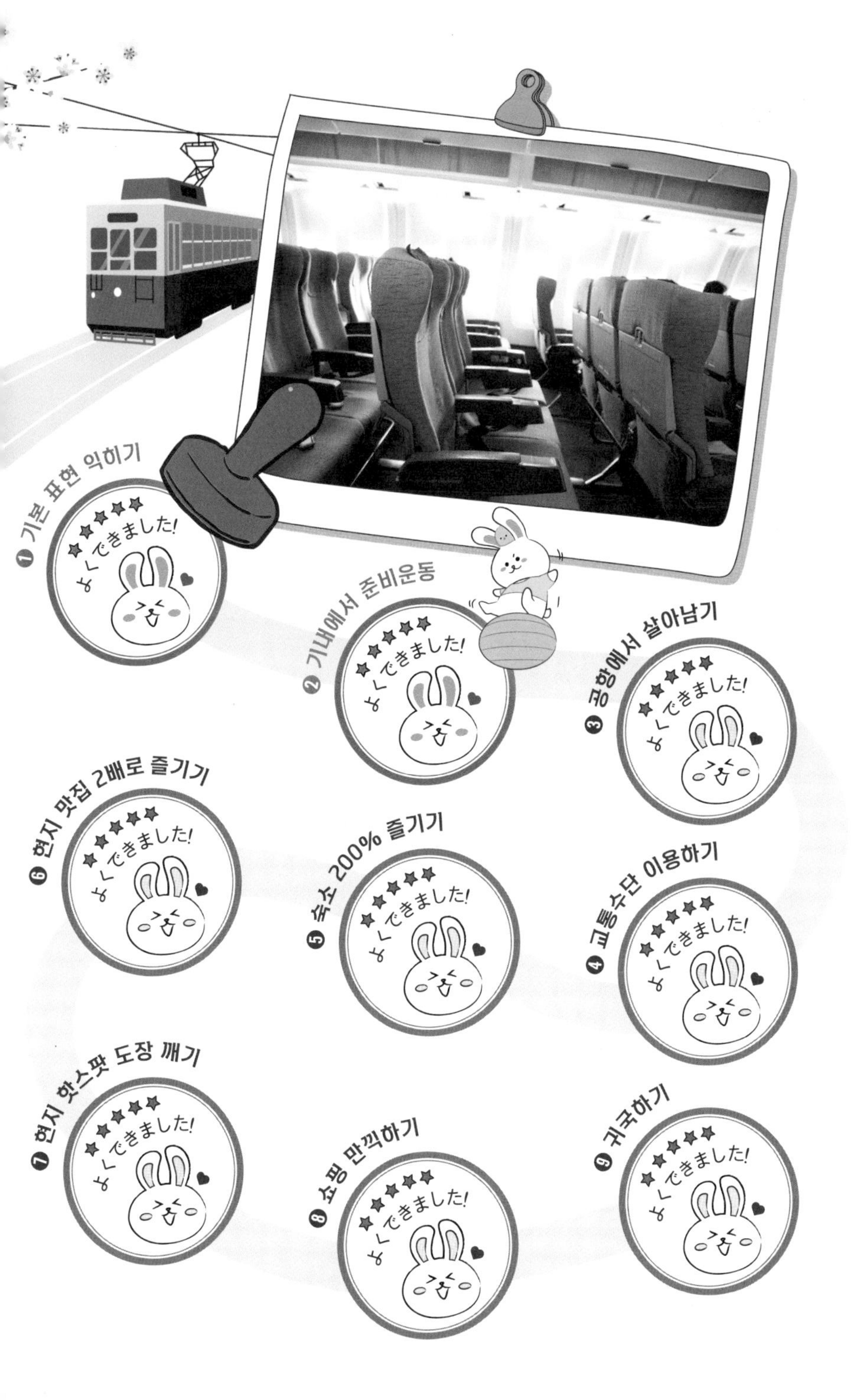

❶ 기본 표현 익히기
よくできました!
❷ 기내에서 준비운동
よくできました!
❸ 공항에서 살아남기
よくできました!
❹ 교통수단 이용하기
よくできました!
❺ 숙소 200% 즐기기
よくできました!
❻ 현지 맛집 2배로 즐기기
よくできました!
❼ 현지 핫스팟 도장 깨기
よくできました!
❽ 쇼핑 만끽하기
よくできました!
❾ 귀국하기
よくできました!

저기 잠깐만요.

춋또 고멘나사이.

ちょっと ごめんなさい。

쓰기 여행 입국 준비!

기내에서 양해를 구할 때 쓸 수 있는 만능 표현이에요. 예를 들어 통로에 일본인 승객이 서 있어 지나갈 수 없거나 짐을 선반에 넣을 수 없을 때 한 마디 툭 건네면 완전 OK!

내 글씨로 여행 즐기기!

☐

☐

☐

표현 기념품 하나 더 챙기기!

❶ 죄송한데 잠깐 지나갈게요.

스미마셍, 춋또 토-리마스.

☑ すみません、ちょっと とおります。

☐

❷ 여기 지나가도 될까요?

고꼬, 토옷떼모 이-데스까?

☑ ここ、とおっても いいですか。

☐

저기요.

스미마셍.

すみません。

쓰기 여행 입국 준비!

상대방에게 사과할 때뿐만 아니라 상대를 부를 때 무난하게 사용할 수 있는 표현이기도 하답니다. 기내에서 승무원을 부르고 싶을 때 한번 사용해 보세요.

내 글씨로 여행 즐기기!

☐
☐
☐

표현 기념품 하나 더 챙기기!

❶ 저기요.

아노-.

☑ あのー。

☐

❷ 저기요.

오네가이시마스.

☑ おねがいします。

☐

표현 영상

짐 넣을 공간이 부족해요.

슈-노- 스페-스가 타리마셍.

しゅうのう スペースが たりません。

쓰기 여행 입국 준비!

승객이 많으면 선반에 짐을 보관할 공간이 부족한 경우가 있지요? 그럴 땐 승무원에게 이렇게 요청해 보세요. 참고로「スペース」는 '공간'이라는 뜻의 외래어 'space'에서 온 말이에요.

내 글씨로 여행 즐기기!

☐

☐

☐

표현 기념품 하나 더 챙기기!

❶ 저기, 이 짐 좀 올려 주시겠어요?

스미마셍, 고노니모쯔 아게떼 모라에마스까?

☑ すみません、このにもつ あげて もらえますか。

☐

❷ 짐 좀 내려 주시겠어요?

니모쯔오 오로시떼 모라에마스까?

☑ にもつを おろして もらえますか。

☐

담요 좀 가져다 주시겠어요?

브랑켓또오 오네가이데끼마스까?

ブランケットを おねがいできますか。

쓰기 여행 입국 준비!

기내가 쌀쌀하게 느껴진다면 승무원에게 이 표현을 사용해 보세요. 담요는 「ブランケット」 혹은 「毛布(もうふ)」라고도 해요.

내 글씨로 여행 즐기기!

☐

☐

☐

표현 기념품 하나 더 챙기기!

① 이어폰 받을 수 있나요?

이야홍 모라에마스까?

☑ イヤホン もらえますか。

☐

② 수면 안대와 볼펜 갖다주세요.

아이마스쿠또 보-루펭 쿠다사이.

☑ アイマスクと ボールペン ください。

☐

다른 자리로 이동해도 되나요?

치가우 세끼니 이도-데끼마스까?

ちがう せきに いどうできますか。

쓰기 여행 입국 준비!

부득이하게 자리를 이동해야 할 상황이 생겼다면 승무원에게 이렇게 양해를 구해 보세요. 다만 비행 중에는 불가능하기도 하니 확인이 필요해요. 「席(せき)」는 '좌석', 「移動(いどう)」는 '이동'이라는 의미랍니다.

내 글씨로 여행 즐기기!

☐

☐

☐

표현 기념품 하나 더 챙기기!

❶ 비어 있는 좌석으로 이동해도 되나요?

아이떼 이루 세끼니 이도-데끼마스까?

☑ あいて いる せきに いどうできますか。

☐

❷ 다른 좌석으로 이동 가능할까요?

호까노 세끼니 이도-데끼마스까?

☑ ほかの せきに いどうできますか。

☐

표현 영상

어떤 음료가 있나요?

돈나 노미모노가 아리마스까.

どんな のみものが ありますか。

쓰기 여행 입국 준비!

어떤 음료가 있는지 승무원에게 구체적으로 물어볼 수 있는 표현이에요. 「飲(の)み物(もの)(음료, 마실 것)」 대신 다른 단어를 넣으면 다양한 상황에서 활용할 수 있어요.

내 글씨로 여행 즐기기!

☐

☐

☐

표현 기념품 하나 더 챙기기!

❶ 음료는 어떤 게 있나요?

노미모노와 나니가 아리마스까?

☑ のみものは なにが ありますか。

☐

❷ 기내에서 활용할 수 있는 음료 단어

커피	차, 녹차	주스	맥주
コーヒー 코-히-	おちゃ 오챠	ジュース 쥬-스	ビール 비-루

블랙 커피 주세요.

브라꾸코-히- 쿠다사이.

ブラックコーヒー ください。

쓰기 여행 입국 준비!

기내식을 먹고 난 후 커피가 필요할 때 이렇게 요청해 보세요. 주로 따뜻한 커피를 제공하는데 여름 시즌에는 요청 시「アイスコーヒー(아이스커피)」를 주기도 한답니다.

내 글씨로 여행 즐기기!

☐

☐

☐

표현 기념품 하나 더 챙기기!

❶ (승무원) "설탕과 우유 필요하신가요?"

"사토-또 미루꾸와 이까가나사이마스까?"

☑「さとうと ミルクは いかがなさいますか。」

☐

❷ 설탕 주세요.

사토-오 오네가이시마스.

☑ さとうを おねがいします。

☐

표현 영상

육류(식)으로 주세요.

오니꾸데 오네가이시마스.

おにくで おねがいします。

쓰기 여행 입국 준비!

기내식을 선택할 수 있는 상황이라면 위와 같이 승무원에게 원하는 메뉴를 요청해 보세요.
육류는 「ビーフ」라고 말하기도 한답니다.

내 글씨로 여행 즐기기!

☐

☐

☐

표현 기념품 하나 더 챙기기!

❶ 생선(식)으로 준비해 주세요.

사까나데 오네가이시마스.

☑ さかなで おねがいします。

☐

❷ 기내식 주문 시 활용할 수 있는 단어

일본식 식사	비건	알레르기	젓가락
わしょく 와쇼꾸	ビーガン 비-강	アレルギー 아레루기-	おはし 오하시

식사는 안 할게요.

쇼꾸지와 켁꼬-데스.

しょくじは けっこうです。

쓰기 여행 입국 준비!

기내식을 원하지 않을 때 승무원에게 위 표현을 활용해 보세요. 손바닥을 펼쳐 거절의 제스처를 함께 전달한다면 좀 더 네이티브 느낌이 난답니다.

내 글씨로 여행 즐기기!

☐

☐

☐

표현 기념품 하나 더 챙기기!

❶ 식사는 안 주셔도 돼요.

쇼꾸지와 다이죠-부데스.

☑ しょくじは だいじょうぶです。

☐

❷ 음료만 주시면 될 것 같아요.

노미모노다케 오네가이시마스.

☑ のみものだけ おねがいします。

☐

표현 영상

식사 정리해 주세요.

토레-오 사게떼 쿠다사이.

トレイを さげて ください。

쓰기 여행 입국 준비!

「トレイ」는 '(식사가 담긴) 쟁반'을 뜻해요. 대부분의 승객들이 식사를 마칠 때쯤 승무원들이 한꺼번에 정리하는 것이 대부분이지만, 내가 원하는 타이밍이 있을 경우 이렇게 말해 보세요.

내 글씨로 여행 즐기기!

☐

☐

☐

표현 기념품 하나 더 챙기기!

❶ 아니요, 아직 먹고 있어요.

이-에, 마다 쇼꾸지츄-데스.

☑ いいえ、まだ しょくじちゅうです。

☐

❷ 음료 한 잔 더 주세요.

노미모노노 오까와리 쿠다사이.

☑ のみものの おかわり ください。

☐

표현 영상

이 상품 있나요?

고노쇼-힝 아리마스까?

このしょうひん ありますか。

쓰기 여행 입국 준비!

면세품 책자에서 원하는 상품을 발견했을 때 승무원에서 물어볼 수 있는 표현이에요. 더 간단하게 물어보고 싶다면 앞에서 다뤘던 물건을 지칭하는 표현「これ(이것)」를 활용해서「これ、ありますか(이거 있나요?)」라고 말해 보세요.

내 글씨로 여행 즐기기!

☐

☐

☐

표현 기념품 하나 더 챙기기!

① 이 화장품 3개 주세요.

고노케쇼-힝 밋쯔 쿠다사이.

☑ このけしょうひん 3(みっ)つ ください。

☐

② 기내에서 면세품 주문 시 활용할 수 있는 단어

크림	위스키	담배	향수
クリーム 크리-무	ウィスキー 위스키-	タバコ 타바코	こうすい 코-스이

카드로 결제할게요.

쿠레짓또카-도데.

クレジットカードで。

쓰기 여행 입국 준비!

승무원이 「おしはらいは いかがなさいますか。(결제는 어떻게 하시겠어요?)」라고 물어볼 때 활용할 수 있어요. 「～で(~로요)」는 수단을 나타내는 조사 표현이랍니다.

내 글씨로 여행 즐기기!

☐

☐

☐

표현 기념품 하나 더 챙기기!

① 카드로 할게요.

쿠레짓또카-도니 시마스.

☑ クレジットカードに します。

☐

② 현금으로 결제할게요.

겡킹바라이데 오네가이시마스.

☑ げんきんばらいで おねがいします。

☐

여행칼럼 ❶

오랜 시간과 기억을 수놓는 그들이 좋다.

많은 것들이 쉽게 생겨나고 빠르게 사라지는 요즘,
묵묵히 한곳을 바라보며 견뎌내는 이들이 있다.
오래 버텨왔다며 칭찬을 해 주는 것도 아닌데
줄곧 같은 자리에서 자신을 갈고닦는 사람들.

거리를 걷다 우연히 어떤 가게에 들어간 적이 있다.
계획 없이 들어간 것치고는 너무나 훌륭했던 음식의 맛.
나중에 알고 보니 150년의 세월이 켜켜이 쌓인 곳이었다.

늘 같은 마음으로 칼을 갈고 식재료를 다듬는 장인의 모습이
변화를 이겨내며 살아가는 일상에 위로가 된다.

여행칼럼 ❷

미술관, 그 이상의 공간

가나자와21세기미술관 21世紀美術館

일본 이시카와현을 대표하는 도시이자 작은 교토라고도 불리는 「金沢(かなざわ)(가나자와)」에는 독특한 미술관이 있다. 「21世紀美術館(せいきびじゅつかん)(21세기미술관)」, 이름에서부터 포스가 철철 넘치는 곳이다. 웅장한 「金沢城(かなざわじょう)(카나자와성)」와 국가 명소로 지정된 일본식 정원 「兼六園(けんろくえん)(겐로쿠엔)」까지 오랜 역사와 고즈넉한 분위기를 자랑하는 가나자와에 이렇게나 현대적인 감각과 멋으로 꽉 찬 건축물이 있다는 게 참으로 흥미롭다.

21세기미술관은 인류 역사의 전환점이기도 한 21세기에 걸맞은 새로운 형태의 '참가 교류형 미술관'을 표방하고 있다. 건물 안에 전시되어 있는 작품들을 그저 관람하는 형태를 넘어 외, 내부의 경계가 없는 넓은 광장과도 같은 공간 속에서 관람객들로 하여금 작품들을 직접 체험하고 때로는 그 작품의 일부가 되어 볼 수 있는 경험을 선사한다.

미술관의 볼거리 중 하나는 단연 「スイミングプール(스위밍풀)」이다. 정원에 설치된 수영장을 내려다보면 물이 깊게 채워져 있는 것처럼 보이지만 실제로는 투명 유리 위에 약 10센티미터의 물이 깔려 있다. 재미있는 것은 물속 공간은 미술관 내부하고 연결되어 있어 안에서도 물 위를 올려다볼 수 있다는 점이다. 하나의 '액티비티'와도 같은 이 작품은 관람객들이 스스로 숨겨진 장치와 메시지를 찾아가는 과정을 통해 비일상적인 공간을 선물한다.

21세기미술관(21世紀美術館)

주소 | 이시카와현 가나자와시 히로사카 1-2-1

영업시간 | 전시, 구역마다 상이하기 때문에 확인 필요

웹사이트 | www.kanazawa21.jp

가는 길 | JR '카나자와역' 동쪽 출구 3, 8번 버스 탑승 '히로사카 · 21세기미술관' 하차

주의사항 | 매주 월요일과 연말연시에는 휴관을 하기 때문에 사전 체크는 필수

여행지 살펴보기

3

일본 공항도 문제 없지

공항에서 살아남기

3장 전체 듣기

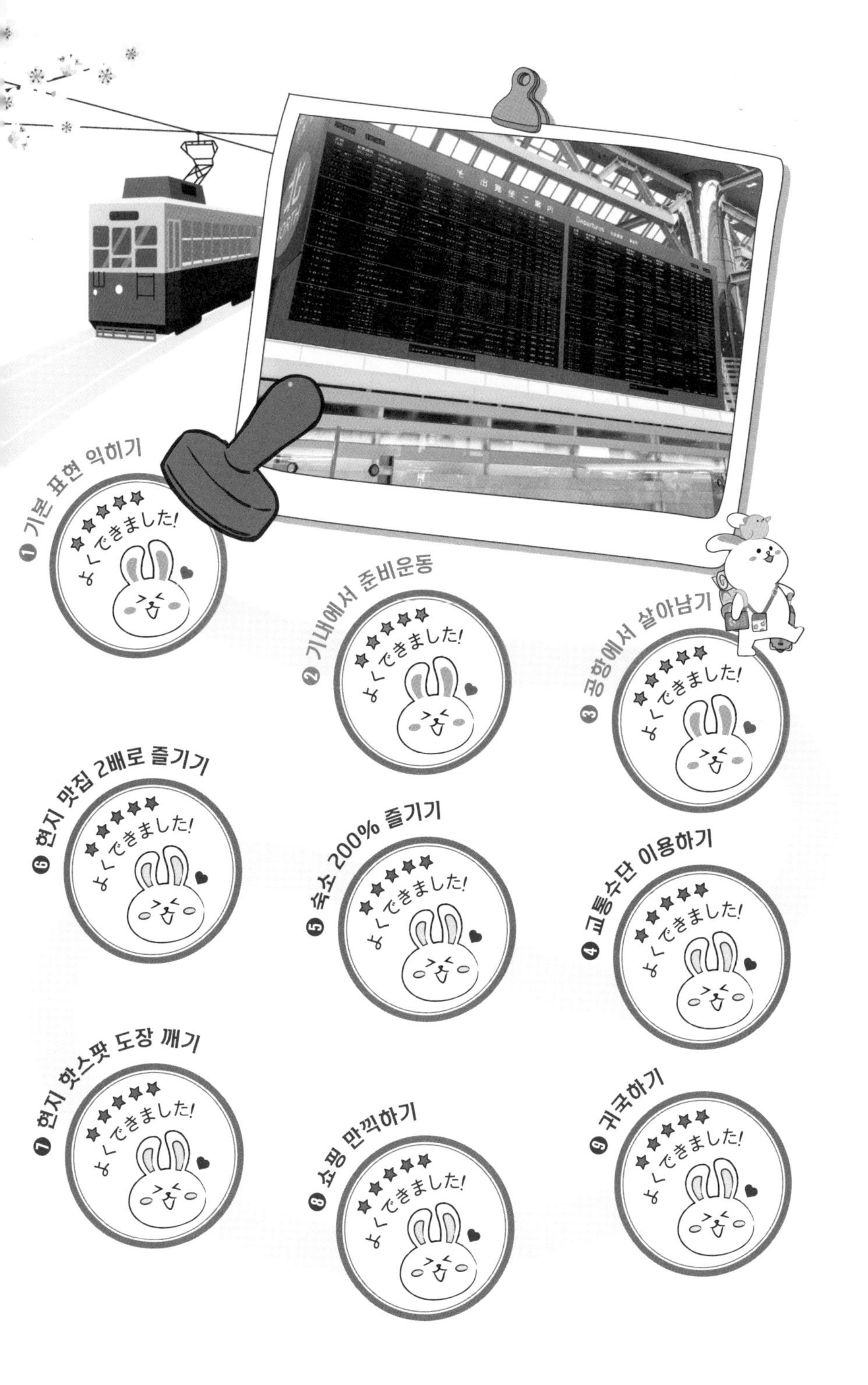
❶ 기본 표현 익히기
よくできました!
❷ 기내에서 준비운동
よくできました!
❸ 공항에서 살아남기
よくできました!
❹ 교통수단 이용하기
よくできました!
❺ 숙소 200% 즐기기
よくできました!
❻ 현지 맛집 2배로 즐기기
よくできました!
❼ 현지 핫스팟 도장 깨기
よくできました!
❽ 쇼핑 만끽하기
よくできました!
❾ 귀국하기
よくできました!

023 입국 심사에서 대답하기

표현 영상

관광하러 왔어요.

캉꼬-데 키마시따.

観光(かんこう)で 来(き)ました。

쓰기 여행 입국 준비!

현지 공항에 도착하면 첫 번째 관문 '입국 심사'가 기다리고 있어요. 방문 목적을 물어보는 질문에 「～で 来(き)ました(~하러 왔어요)」 표현을 활용해서 대답하면 간단하답니다. 가장 무난한 방문 목적으로는 「観光(かんこう)(관광)」가 있어요.

내 글씨로 여행 즐기기!

- [ ]
- [ ]
- [ ]

표현 기념품 하나 더 챙기기!

❶ 업무가 있어서 왔어요.

비지네스데 키마시따.

- [x] ビジネスで 来(き)ました。
- [ ]

❷ 친구를 만나러 왔어요.

토모다찌니 아이니 키마시따.

- [x] 友(とも)だちに 会(あ)いに 来(き)ました。
- [ ]

표현 영상

3일이요.

믹까깡데스.

3日間(みっかかん)です。

쓰기 여행 입국 준비!

입국 카드에 목적, 기간, 연락처 등의 정보를 꼼꼼하게 적었다면 물어보지 않는 경우가 많아요. 그런데 나한테 갑자기 얼마나 머무는지 물어본다면? 「2日間(ふつかかん)(이틀간)」, 「4日間(よっかかん)(사흘간)」, 「1週間(いっしゅうかん)(일주일간)」처럼 앞에 머무는 기간을 넣어 말하면 문제없을 거예요.

내 글씨로 여행 즐기기!

- [ ]
- [ ]
- [ ]

표현 기념품 하나 더 챙기기!

❶ 2박 3일이요.

니하꾸믹까데스.

- [x] 2泊3日(にはくみっか)です。
- [ ]

❷ 당일치기예요.

히가에리데스.

- [x] ひがえりです。
- [ ]

025 입국 심사에서 대답하기

표현 영상

'시나가와 프린스 호텔'이요.

'시나가와 푸린스 호테루'데스.

「品川(しながわ) プリンス ホテル」です。

쓰기 여행 입국 준비!

호텔 또한 입국 카드에 제대로 기입했다면 그냥 통과되는 경우가 많지만 랜덤으로 질문받는 경우가 있기도 하답니다. 그럴 땐 「숙소 이름+です」로 심플하게 답변하면 돼요. 여행 전 숙소 이름과 주소, 연락처 등을 미리 챙겨 두면 당황할 일은 없으니 안심하세요.

내 글씨로 여행 즐기기!

☐

☐

☐

표현 기념품 하나 더 챙기기!

① 에어비앤비 숙소에 묵어요.

에아비-안도비-노 게스또하우스니 토마리마스.

☑ エアビーアンドビーの ゲストハウスに 泊(と)まります。

☐

② 친구 집이요.

토모다찌노 이에데스.

☑ 友(とも)だちの 家(いえ)です。

☐

짐은 어디에서 찾나요?

니모쯔와 도꼬데 우케토레바 이-데스까?

荷物(にもつ)は どこで 受(う)け取(と)れば いいですか。

쓰기 여행 입국 준비!

입국 심사 게이트를 빠져나오면 다음으로 짐을 찾아야 해요. 항공편명을 알고 있다면 전광판만 보고도 찾아갈 수 있지만 혼잡하여 찾기 어려운 상황이라면 근처 공항 직원에게 이렇게 물어보세요.

내 글씨로 여행 즐기기!

☐

☐

☐

표현 기념품 하나 더 챙기기!

① 수하물 찾는 곳은 어디인가요?

니모쯔우케토리죠와 도꼬데스까?

☑ 荷物受取所(にもつうけとりじょ)は どこですか。

☐

② 1번 컨베이어 벨트는 어떻게 가나요?

이찌방노 베루또콤베야와 도-얏떼 이끼마스까?

☑ 1番(いちばん)の ベルトコンベヤは どうやって 行(い)きますか。

☐

027 맡겼던 짐 찾기

표현 영상

제 짐이 안 나와요.

니모쯔가 데떼 키마셍.

荷物(にもつ)が 出(で)て きません。

쓰기 여행 입국 준비!

다른 사람들이 짐을 찾아 하나둘씩 빠져나가는 상황에서 아무리 기다려도 내 짐만 안 나온다면 너무 당황스럽겠죠? 그럴 땐 근처에 있는 직원에게 위 표현을 사용하여 문의해 보세요.

내 글씨로 여행 즐기기!

☐

☐

☐

표현 기념품 하나 더 챙기기!

❶ 흰색 캐리어고, 네임텍이 붙어 있어요.

호와이또노 스-츠케-스데, 네-무타그가 츠이떼 이마스.

☑ ホワイトの スーツケースで、ネームタグが 付(つ)いて います。

☐

❷ 작은 캐리어와 박스 1개요.

미니사이즈노 스-츠케-스또 담보-루 히토쯔데스.

☑ ミニサイズの スーツケースと だんボール 1(ひと)つです。

☐

캐리어가 망가졌어요.

스-츠케-스가 코와레마시따.

スーツケースが 壊(こわ)れました。

쓰기 여행 입국 준비!

「壊(こわ)れる」는 '망가지다', '파손되다'라는 뜻이에요. 캐리어를 찾을 때 파손된 부분을 발견했다면 즉시 관계자에게 이렇게 얘기해 주세요.

내 글씨로 여행 즐기기!

☐

☐

☐

표현 기념품 하나 더 챙기기!

① 제 짐이 망가졌는데 어디에 신고하면 되나요?

니모쯔가 코와레떼 이마스가, 도꼬데 싱코꾸스레바 이-데스까?

☑ 荷物(にもつ)が 壊(こわ)れて いますが、どこで 申告(しんこく)すれば いいですか。

☐

② 안에 있는 짐이 망가져 있어요.

니모쯔노 나까미가 코와레떼 이마스.

☑ 荷物(にもつ)の 中身(なかみ)が 壊(こわ)れて います。

☐

표현 영상

신고할 물건은 없어요.

싱코꾸스루 모노와 아리마셍.

申告(しんこく)する ものは ありません。

쓰기 여행 입국 준비!

세관 직원에게 신고할 물건이 없다고 전할 때 사용할 수 있어요.

내 글씨로 여행 즐기기!

☐

☐

☐

표현 기념품 하나 더 챙기기!

❶ (세관 직원) “여권과 세관 신고 카드를 보여 주세요.”

“파스포-또또 싱코꾸카-도오 미세떼 쿠다사이.”

☑「パスポートと 申告(しんこく)カードを 見(み)せて ください。」

☐

❷ 현금을 10만엔 정도 가지고 있어요.

겡킹오 쥬-망엔쿠라이 못떼 이마스.

☑ 現金(げんきん)を 10万円(じゅうまんえん)くらい 持(も)って います。

☐

030 세관 신고하기

표현 영상

이건 친구한테 주는 선물이에요.

고레와 토모다찌에노 오미야게데스.

これは 友(とも)だちへの お土産(みやげ)です。

쓰기 여행 입국 준비!

시기에 따라 짐 검사를 집요하게 하는 경우가 있어요. 가방 속에 친구에게 줄 선물이 들어 있다면 직원에게 이렇게 전달해 보세요. 「お土産(みやげ)」는 '기념품, 여행 선물'이라는 의미랍니다.

내 글씨로 여행 즐기기!

- [ ]
- [ ]
- [ ]

표현 기념품 하나 더 챙기기!

① 이건 제 개인용품이에요.

고레와 와따시가 츠까우 모노데스.

- [x] これは 私(わたし)が 使(つか)う ものです。
- [ ]

② 이건 한국 술이에요.

고레와 캉꼬꾸노 오사케데스.

- [x] これは 韓国(かんこく)の お酒(さけ)です。
- [ ]

원화를 엔화로 바꾸고 싶어요.

웡오 엔에 료-가에시따이데스.

ウォンを 円(えん)へ 両替(りょうがえ)したいです。

쓰기 여행 입국 준비!

「両替(りょうがえ)」는 '환전'이라는 의미랍니다. 공항에서 환전하는 일이 생겼을 때 창구에서 활용할 수 있는 표현이에요. 엔을 원화로 바꾸고 싶을 땐 반대로 「円(えん)を ウォンへ(엔화를 원화로)」라고 말하면 돼요.

내 글씨로 여행 즐기기!

☐

☐

☐

표현 기념품 하나 더 챙기기!

❶ 환전 수수료가 있나요?

테스-료-와 아리마스까?

☑ 手数料(てすうりょう)は ありますか。

☐

❷ 영수증 주시겠어요?

료-슈-쇼 모라에마스까?

☑ 領収書(りょうしゅうしょ) もらえますか。

☐

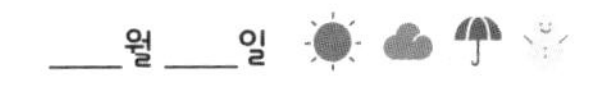

표현 영상

신주쿠역으로 가는 방법을 알려 주세요.

신쥬쿠에끼에노 이키카따오 오시에떼 쿠다사이.

新宿駅(しんじゅくえき)への 行(い)き方(かた)を 教(おし)えて ください。

쓰기 여행 입국 준비!

공항안내소 직원에게 목적지까지 가는 방법을 물을 때 사용할 수 있어요. 다른 역이나 지명 등을 넣어서 활용해 보세요.

내 글씨로 여행 즐기기!

☐

☐

☐

표현 기념품 하나 더 챙기기!

① 어느 게 가장 빠른가요?

도레가 이찌방 하야이데스까?

☑ どれが 一番(いちばん) 早(はや)いですか。

☐

② 전철로 얼마나 걸려요?

덴샤데 도레쿠라이 카카리마스까?

☑ 電車(でんしゃ)で どれくらい かかりますか。

☐

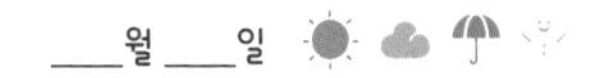

휴대용 와이파이 기기는 어디서 빌릴 수 있어요?

와이화이루-타-와 도꼬데 렌타루데끼마스까?

Wi-Fiルーターは どこで レンタルできますか。

쓰기 여행 입국 준비!

여행하는 동안 핸드폰 안 터지는 것만큼 답답한 게 없지요? 출국 전 미리 유심칩을 구매해서 로밍 설정을 해두는 것이 여러모로 편리하고 좋지만, 준비를 못 했을 경우에는 공항에서 빌리는 것도 가능하답니다.

내 글씨로 여행 즐기기!

☐

☐

☐

표현 기념품 하나 더 챙기기!

❶ 3일 동안 빌릴 건데 요금이 얼마나 되나요?

믹까깡 렌타루시따이데스가, 료-킹와 이꾸라쿠라이데스까?

☑ 3日間(みっかかん) レンタルしたいですが、料金(りょうきん)は いくらくらいですか。

☐

❷ 충전기도 같이 주시는 건가요?

쥬-뎅키모 츠이떼 이마스까?

☑ 充電器(じゅうでんき)も 付(つ)いて いますか。

☐

표현 영상

렌터카를 찾으러 왔어요.

렌타카-오 우케토리니 키마시따.

レンタカーを 受(う)け取(と)りに 来(き)ました。

쓰기 여행 입국 준비!

일본에서 렌터카를 빌리기 위해서는 원칙적으로 사전 예약이 필요하고 현장에서는 '국제운전 면허증' 등의 서류를 필수로 제출해야 한답니다. 또 현지 렌터카 업체들은 수령 시간에 민감하기 때문에 꼭 늦지 않게 방문해 주세요.

내 글씨로 여행 즐기기!

- [ ]
- [ ]
- [ ]

표현 기념품 하나 더 챙기기!

❶ 렌터카 예약한 장원영인데요.

렌타카-오 요야꾸시따 챵워뇽데스가.

- [x] レンタカーを 予約(よやく)した チャン・ウォニョンですが。
- [ ]

❷ 차를 반납하는 곳도 (수령 장소와) 똑같은가요?

쿠루마오 카에스 바쇼모 오나지데스까?

- [x] 車(くるま)を 返(かえ)す 場所(ばしょ)も 同(おな)じですか。
- [ ]

표현 영상

시부야행 티켓 2장 주세요.

시부야유끼노 치켓또 니마이 쿠다사이

渋谷(しぶや)行(ゆ)きの チケット 2枚(にまい) ください。

쓰기 여행 입국 준비!

「リムジンバス(리무진 버스)」는 공항에서 도심 사이를 비교적 빠르게 갈 수 있는 교통수단인데요. 카운터 직원에게 티켓을 구매하고 싶다면 「장소+行(ゆ)き(~행)」의 형태로 목적지를 정확하게 전달하는 것이 무엇보다 중요하답니다.

내 글씨로 여행 즐기기!

☐

☐

☐

표현 기념품 하나 더 챙기기!

❶ 오후 2시에 출발하는 신주쿠행 1장 주세요.

고고니지니 데루 신쥬꾸유끼 이찌마이 쿠다사이.

☑ 午後2時(ごごにじ)に 出(で)る 新宿行(しんじゅくゆ)き 1枚(いちまい) ください。

☐

❷ 오다이바 쪽으로 가는 버스가 있나요?

오다이바호-멘니 이꾸 바스와 아리마스까?

☑ お台場方面(だいばほうめん)に 行(い)く バスは ありますか。

☐

표현 영상

스카이라이너 승차권은 어디에서 살 수 있나요?

스카이라이나-노 죠-샤켕와 도꼬데 카에마스까?

スカイライナーの 乗車券(じょうしゃけん)は どこで 買(か)えますか。

쓰기 여행 입국 준비!

「スカイライナー(스카이라이너)」는 도쿄 나리타 공항과 우에노를 연결하는 특급열차로 전 좌석이 지정석으로 운영되고 있어요. 약 40분 만에 도심까지 갈 수 있다는 게 큰 메리트지만 그만큼 요금이 비싸답니다.

내 글씨로 여행 즐기기!

☐

☐

☐

표현 기념품 하나 더 챙기기!

❶ 스카이라이너는 어디에서 탈 수 있나요?

스카이라이나-와 도꼬데 노레마스까?

☑ スカイライナーは どこで 乗(の)れますか。

☐

❷ 스카이라이너가 어느 역에 서나요?

스카이라이나-가 토마루 에끼와 도꼬데스까?

☑ スカイライナーが 停(と)まる 駅(えき)は どこですか。

☐

여행칼럼 ①

잠깐 길을 잃어도 괜찮다.
이것도 다 추억으로 남을 테니까.

모든 여행이 쉽게 흘러가진 않는다.
계획은 어디까지나 계획일 뿐.
여행 중에는 많은 변수가 나타나기 마련이다.
이 변수들은 계획을 뒤틀기도 하고
아예 새로운 선택지를 만들어 주기도 한다.

낯선 언어와 공기 그리고 사람들 틈 속에서
언제든 기꺼이 길 잃을 준비를 하자.
헤매지 않기 위해 안간힘을 쓰던 그 마음을 잠깐 내려놓자.
예상치 못한 상황에서 길을 잃었을 때
비로소 진짜 여행이 시작될지 모른다.

여행이 오롯이 나만의 떨림과 고민으로 채워지는 경험.
이만큼 멋진 추억이 또 있을까.

여행칼럼 ❷

시간이 느리게 가는 곳

가마쿠라 鎌倉

「鎌倉(가마쿠라)」는 도쿄 신주쿠역에서 전철로 약 1시간 정도 떨어진 곳에 있는 작은 도시이다. 인구는 20만 명이 채 안 되지만 연간 천만 명 정도가 방문하는 인기 관광지로 국내에서는 만화 슬램덩크의 배경지인 「鎌倉高校(가마쿠라 고등학교)」가 있는 곳으로 알려져 있기도 하다.

어마어마한 크기의 불상 「大仏(가마쿠라 대불)」이나 가마쿠라를 대표하는 신사인 「鶴岡八幡宮(쓰루오카하치만구)」와 같이 가마쿠라 내에는 유명한 스팟이 너무나도 많지만 가마쿠라의 진정한 매력은 특정 장소보다는 도시 전체가 주는 여유로움과 멋에 있다.

가마쿠라에 도착하면 관광객이 붐비는 곳보다는 군데군데 보이는 골목길을 따라 산책을 하며 주변 풍경과 분위기를 천천히 느껴보도록 하자. 길 주변에 우거진 나무와 풀에서 나는 냄새를 맡으며 걷다 보면 예기치 않게 숨어 있던 신사나 절을 만날 수 있다. 가마쿠라에는 약 150개가 넘는 신사와 절이 있는 만큼 나만의 숨겨진 공간을 찾아보는 것도 큰 재미가 될 것이다.

또 「江の島(에노시마)」와 가마쿠라를 연결하는 노면전차 「江ノ電(에노덴)」을 타 보자. 레트로한 감성이 느껴지는 경적 소리와 함께 해안선을 달리는 에노덴에서 보는 바다 풍경은 가슴을 뻥 뚫리게 한다. 특히 해 질 녘에는 통창으로 노을을 구경할 수 있기 때문에 많은 사람들이 붐비기도 한다.

가마쿠라(鎌倉)

주소 | 가나가와현 가마쿠라시 오나리마치 1-15(가마쿠라역 기준)
웹사이트 | https://www.trip-kamakura.com(가마쿠라시관광협회)
가는 길 | JR요코스카선 · 쇼난신주쿠라인, 에노시마전철 '가마쿠라역' 하차
주의사항 | 신사, 절 등은 오후 4시에 입장 마감을 하는 곳이 많으니 사전 체크는 필수

여행지 살펴보기

4

조금 복잡하지만 괜찮아

교통수단 이용하기

4장 전체 듣기

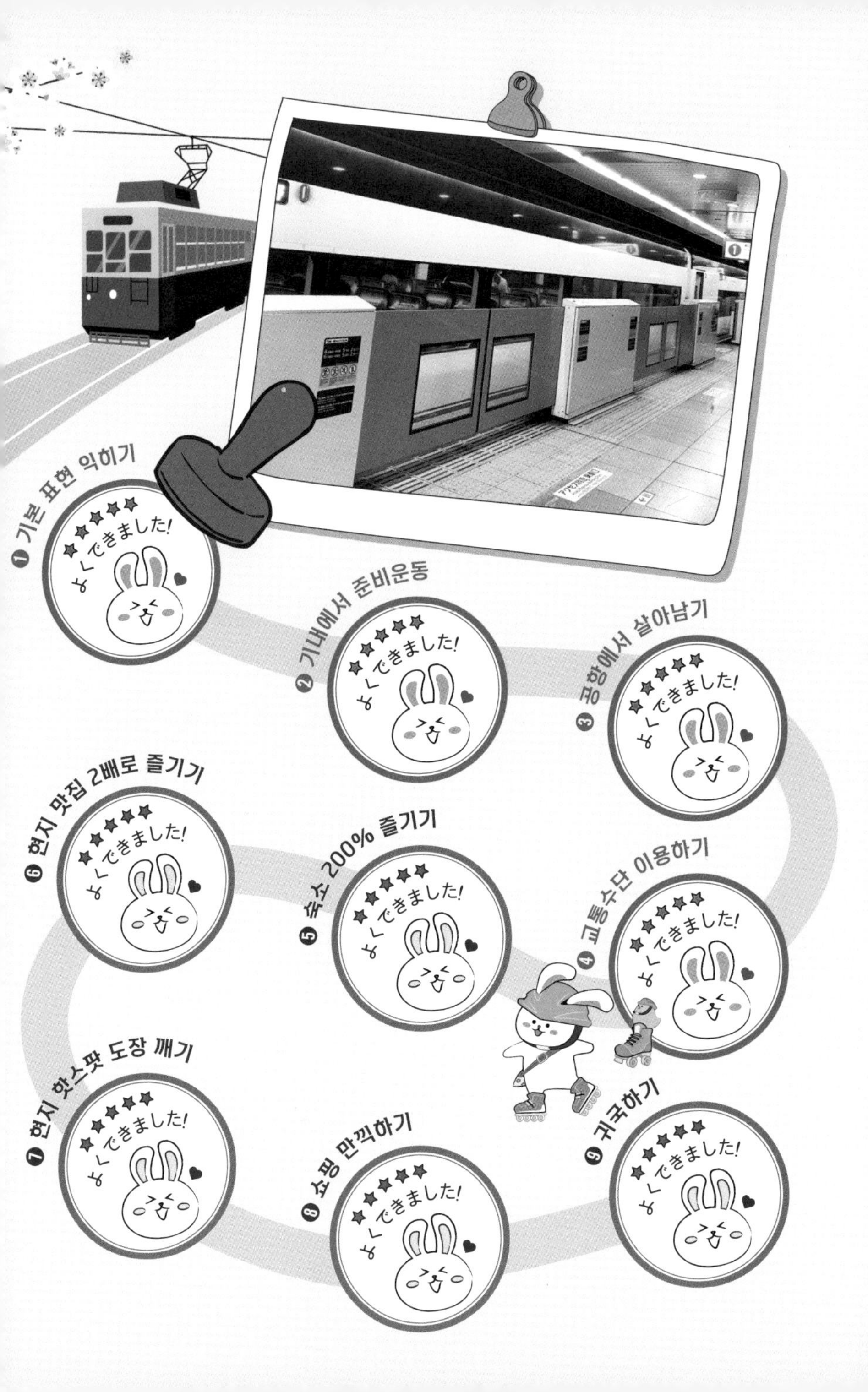
❶ 기본 표현 익히기
よくできました!
❷ 기내에서 준비운동
よくできました!
❸ 공항에서 살아남기
よくできました!
❹ 교통수단 이용하기
よくできました!
❺ 숙소 200% 즐기기
よくできました!
❻ 현지 맛집 2배로 즐기기
よくできました!
❼ 현지 핫스팟 도장 깨기
よくできました!
❽ 쇼핑 만끽하기
よくできました!
❾ 귀국하기
よくできました!

037 택시로 이동하기

표현 영상

뒤 트렁크 좀 열어 주세요.

토랑쿠오 아케떼 쿠다사이.

トランクを 開(あ)けて ください。

쓰기 여행 입국 준비!

「開(あ)ける」는 '열다'라는 뜻이에요. 무거운 짐이 있다면 운전사에게 이렇게 요청해 보세요.

내 글씨로 여행 즐기기!

☐

☐

☐

표현 기념품 하나 더 챙기기!

❶ 캐리어를 트렁크에 넣어 주세요.

스-츠케-스오 토랑쿠니 이레떼 쿠다사이.

☑ スーツケースを トランクに 入(い)れて ください。

☐

❷ 이 가방은 안 실어 주셔도 돼요.

고노박꾸와 이레나쿠떼모 다이죠-부데스.

☑ このバッグは 入(い)れなくても 大丈夫(だいじょうぶ)です。

☐

표현 영상

이 주소로 가 주세요.

고노쥬-쇼마데 오네가이시마스.

この住所(じゅうしょ)まで お願(ねが)いします。

쓰기 여행 입국 준비!

목적지가 가깝다면 택시를 한번 이용해 보는 것도 괜찮은데요. 운전사에게 원하는 장소로 가달라고 부탁할 때는 「목적지+まで(~까지)」를 활용해서 말해 보세요. 참, 우리나라와 달리 일본 택시는 문이 자동으로 열리고 닫히는 시스템이라 억지로 열고 닫으시면 안 된답니다.

내 글씨로 여행 즐기기!

☐

☐

☐

표현 기념품 하나 더 챙기기!

❶ 이케부쿠로역 서쪽 출구로 가 주세요.

이케부꾸로에끼니시구찌마데 오네가이시마스.

☑ 池袋駅西口(いけぶくろえきにしぐち)まで お願(ねが)いします。

☐

❷ 우에노 공원으로 가 주세요.

우에노코-엥마데 오네가이시마스.

☑ 上野公園(うえのこうえん)まで お願(ねが)いします。

☐

표현 영상

여기서 세워 주세요.

고꼬데 오리마스.

ここで 降(お)ります。

쓰기 여행 입국 준비!

내리고 싶은 장소에 도착했을 때 활용할 수 있어요. 참고로 「降(お)りる」는 '내리다', 「乗(の)る」는 '타다'라는 뜻을 가지고 있답니다.

내 글씨로 여행 즐기기!

☐

☐

☐

표현 기념품 하나 더 챙기기!

❶ 여기에 세워 주세요.

고꼬데 토메떼 쿠다사이.

☑ ここで 止(と)めて ください。

☐

❷ 트렁크에서 짐 꺼내 주세요.

토랑쿠까라 니모쯔오 다시떼 쿠다사이.

☑ トランクから 荷物(にもつ)を 出(だ)して ください。

☐

040 지하철역에서 교통카드 사기

스이카 카드는 어디서 살 수 있어요?

스이까카-도와 도꼬데 카에마스까?

スイカカードは どこで 買(か)えますか。

쓰기 여행 입국 준비!

현지에서 교통수단을 빈번하게 이용할 계획이라면 교통카드를 구매하는 것이 편리하답니다. 근처에 역무원이 있다면 「~は どこで 買(か)えますか(~은 어디서 살 수 있나요?)」라고 물어 보세요. 지역마다 사용하는 카드가 다르니 이 부분도 잘 체크해 주세요.

내 글씨로 여행 즐기기!

☐

☐

☐

표현 기념품 하나 더 챙기기!

❶ 여기에서 교통카드 충전 가능한가요?

고꼬데 챠-지데끼마스까?

☑ ここで チャージできますか。

☐

❷ (개찰구에서 카드가 인식되지 않을 때) "카드를 다시 한번 대 주세요."

"카-도오 모-이찌도 탓치시떼 쿠다사이."

☑「カードを もう一度(いちど) タッチして ください。」

☐

___월 ___일 

표현 영상

이 열차 히가시신주쿠역에 서나요?

고노덴샤 히가시신쥬꾸에끼니 토마리마스까?

この電車(でんしゃ)、東新宿駅(ひがししんじゅくえき)に 停(と)まりますか。

쓰기 여행 입국 준비!

일본 전철이나 지하철은 복잡한 것으로 유명한데요. 길이 미로처럼 이어져 있는 것도 그렇지만 열차가 일반, 급행 이외에도 무척 세분화되어 있어서 목적지에 열차가 멈추는지 꼼꼼하게 체크할 필요가 있답니다.

내 글씨로 여행 즐기기!

☐

☐

☐

표현 기념품 하나 더 챙기기!

❶ 보통 열차는 몇 번 승강장에서 타면 되나요?

카꾸에끼렛샤와 남방데 노레바 이-데스까?

☑ 各駅列車(かくえきれっしゃ)は 何番(なんばん)で 乗(の)れば いいですか。

☐

❷ 지하철(전철)에서 볼 수 있는 열차 종류 단어

보통 열차	쾌속 열차	급행 열차	특급 열차
各駅(かくえき)・普通(ふつう) 카꾸에끼 • 후쯔-	快速(かいそく) 카이소꾸	急行(きゅうこう) 큐-코-	特急(とっきゅう) 톡큐-

042 지하철로 이동하기

이케부쿠로역은 여기서 몇 정거장인가요?

이케부꾸로에끼와 고꼬까라 이꾸쯔메노 에끼데스까?

池袋駅(いけぶくろえき)は ここから いくつ目(め)の 駅(えき)ですか。

쓰기 여행 입국 준비!

「いくつ目(め)」는 '몇 번째'라는 의미로 유사한 표현으로는 「何番目(なんばんめ)(몇 번째)」가 있어요.

내 글씨로 여행 즐기기!

☐

☐

☐

표현 기념품 하나 더 챙기기!

❶ 여기서 이케부쿠로역까지 제일 빠른 루트가 뭔가요?

고꼬까라 이케부꾸로에끼마데노 사이딴루-또와 난데스까?

☑ ここから 池袋駅(いけぶくろえき)までの 最短(さいたん)ルートは 何(なん)ですか。

☐

❷ (역무원) "여섯 정거장 떨어져 있어요."

"뭇쯔메노 에끼데스."

☑ 「6つ目(むっつめ)の 駅(えき)です。」

☐

043 지하철로 이동하기

환승 개찰구가 어디에 있는지 안 보여요.

노리카에카이사쯔구찌가 미에마셍.

乗り換え改札口が 見えません。

쓰기 여행 입국 준비!

일본 지하철은 많은 노선이 이리저리 얽혀 있어서 자칫하면 길을 잃기 쉽답니다. 특히 사람이 많이 모이는 역은 환승이 매우 복잡하기 때문에 주의하면서 찾으셔야 해요.

내 글씨로 여행 즐기기!

☐

☐

☐

표현 기념품 하나 더 챙기기!

❶ JR야마노테선으로 갈아타고 싶어요.

야마노테센니 노리카에따이데스.

☑ JR山手線に 乗り換えたいです。

☐

❷ 환승 개찰구가 어디에 있는지 모르겠어요.

노리카에카이사쯔구찌가 도꼬니 아루까 와까리마셍.

☑ 乗り換え改札口が どこに あるか 分かりません。

☐

표현 영상

카드에 돈이 없어서 나갈 수가 없어요.

잔다까가 타리나쿠떼 카이사쯔까라 데라레마셍.

残高(ざんだか)が 足(た)りなくて 改札(かいさつ)から 出(で)られません。

쓰기 여행 입국 준비!

개찰구를 통과하려고 할 때 잔액이 부족하면 “띵동”하는 소리와 함께 문이 가로막히는 경우가 있어요. 이럴 때는 당황하지 마시고 근처에 보이는 역무원에게 이렇게 얘기해 주세요.

내 글씨로 여행 즐기기!

☐

☐

☐

표현 기념품 하나 더 챙기기!

❶ 개찰구를 못 나가는데 어떻게 해야 되나요?

카이사쯔오 토-레마셍가, 도-스레바 이-데스까?

☑ 改札(かいさつ)を 通(とお)れませんが、どうすれば いいですか。

☐

❷ 에러가 떠서 빠져나갈 수가 없어요.

에라-데 카이사쯔오 데라레나이데스.

☑ エラーで 改札(かいさつ)を 出(で)られないです。

☐

045 버스로 이동하기

표현 영상

지브리 미술관으로 가는 버스는 어떤 거예요?

지브리비쥬쯔캉유끼노 바스와 도레데스까?

ジブリ美術館(びじゅつかん)行(ゆ)きの バスは どれですか。

쓰기 여행 입국 준비!

정류장에 버스가 여러 대 있어서 헷갈릴 때 사용할 수 있는 표현이에요. 「どれ」는 '어느 것'이라는 의미랍니다. 참고로 지브리 미술관은 도쿄의 「三鷹駅(みたかえき)(미타카역)」에서 버스로 5분 거리에 있어요.

내 글씨로 여행 즐기기!

☐

☐

☐

표현 기념품 하나 더 챙기기!

❶ 몇 분 정도 걸리나요?

남뿡쿠라이 카카리마스까?

☑ 何分(なんぷん)くらい かかりますか。

☐

❷ 편도로 얼마 정도 드나요?

카따미찌 이꾸라쿠라이데스까?

☑ 片道(かたみち) いくらくらいですか。

☐

046 버스로 이동하기

표현 영상

이 버스는 몇 시에 출발하나요?

고노바스와 난지니 슙빠쯔시마스까?

このバスは 何時(なんじ)に 出発(しゅっぱつ)しますか。

쓰기 여행 입국 준비!

「何時(なんじ)」는 '몇 시', 「出発(しゅっぱつ)する」는 '출발하다'라는 의미예요.

내 글씨로 여행 즐기기!

☐

☐

☐

표현 기념품 하나 더 챙기기!

❶ 이 버스는 언제 출발하나요?

고노바스와 이쯔 슙빠쯔시마스까?

☑ このバスは いつ 出発(しゅっぱつ)しますか。

☐

❷ 다음 버스는 언제 오나요?

츠기노 바스와 난지니 키마스까?

☑ 次(つぎ)の バスは 何時(なんじ)に 来(き)ますか。

☐

표현 영상

요요기공원은 여기서 걸어갈 수 있나요?

요요기코-엔와 고꼬까라 아루이떼 이케마스까?

代々木公園(よよぎこうえん)は ここから 歩(ある)いて 行(い)けますか。

쓰기 여행 입국 준비!

현재 위치에서 목적지까지 도보로 이동할 수 있는지 궁금할 때는 주변 사람들에게 이렇게 물어보세요.

내 글씨로 여행 즐기기!

☐

☐

☐

표현 기념품 하나 더 챙기기!

❶ 여기서 얼마나 걸리나요?

고꼬까라 도레쿠라이 카카리마스까?

☑ ここから どれくらい かかりますか。

☐

❷ 지름길은 없나요?

치카미찌와 아리마셍까?

☑ 近道(ちかみち)は ありませんか。

☐

표현 영상

여기서 가장 가까운 역은 어디인가요?

고꼬까라 이찌방 치까이 에끼와 도꼬데스까?

ここから 一番(いちばん) 近(ちか)い 駅(えき)は どこですか。

쓰기 여행 입국 준비!

현지 거리를 걷다가 제일 가까운 곳에 있는 역 위치를 알고 싶을 때 사용할 수 있는 표현이에요. 「一番(いちばん) 近(ちか)い ○○は どこですか(가장 가까운 ○○는 어디인가요?)」 표현은 여행 중 활용도가 높은 만큼 원하는 장소를 넣어서 자유롭게 질문해 보세요.

내 글씨로 여행 즐기기!

☐

☐

☐

표현 기념품 하나 더 챙기기!

❶ (답변하는 사람) "곧장 걸어간 다음 왼쪽으로 꺾으세요."

"맛스구 잇떼 히다리니 마갓떼 쿠다사이."

☑ 「まっすぐ 行(い)って 左(ひだり)に 曲(ま)がって ください。」

☐

❷ 근처에 버스 정류장이 있나요?

치까꾸니 바스노리바와 아리마스까?

☑ 近(ちか)くに バス乗(の)り場(ば)は ありますか。

☐

보이는 친절 속에 담긴 보이지 않는 친절

해 질 무렵 이름만 알고 있던 어느 식당에 흘러 들어갔다.
이름값을 하듯 매장 안은 손님으로 발 디딜 틈 하나 없었다.
겨우 자리를 잡고 앉자 점원이 다가왔다.

중후한 멋과 목소리 그리고 넉넉한 미소까지
오랜 내공과 신뢰감이 느껴졌다.
쉴 틈 없이 바쁘게 돌아가는 가게 안에서
흔들림 없는 응대와 여유는 어떻게 가능한 것인지.

그는 나의 기다림을 누구보다 먼저 알아채고는
넉넉한 마음으로 여러 번 물 잔을 채우고 빈 밥그릇에 밥을 더 담는다.
익숙지 않았던 공간이 그의 친절에 편해지는 순간이었다.

식사에 집중하는 동안 그는 나를 몇 번이나 봤을까.
문득 이 보이지 않는 친절에 가슴이 뭉클해졌다.

여행칼럼 ❷

'짱구는 못말려'의 배경이 된

카스카베 春日部

일본 사이타마현에 위치한 「春日部市(かすかべし)(카스카베시)」는 한국에서도 많은 사랑을 받고 있는 애니메이션 「クレヨンしんちゃん(짱구는 못말려)」의 배경이 된 곳이다. 짱구(일본에서는 '신노스케'라고 불린다)는 특별 주민으로 등록되어 있을 만큼 카스카베시의 상징적인 존재가 되었다.

카스카베역에 내리면 가장 먼저 짱구 그림이 눈에 들어온다. 그리고 역 주변을 주의 깊게 살펴보면 개찰구 표지판이나 휴지통 등 여기저기에서 짱구와 짱구 가족들을 만날 수 있다. 그리고 열차가 출발할 때 '짱구는 못말려'의 익숙한 멜로디가 울려 퍼지니 놓치지 말고 한번 들어보자.

역을 나와 시내에 들어서면 짱구 캐릭터로 가득한 시내버스가 눈에 들어온다. 버스의 외관뿐만 아니라 버스 내부에도 짱구의 세계관이 잘 반영된 디자인으로 가득하다. 그리고 버스에서는 짱구 캐릭터가 담긴 오리지널 승차권도 배부하고 있기 때문에 짱구를 좋아하는 분들에게는 기념이 될 것 같다.

그 밖에도 짱구 일러스트가 그려진 전병을 맛볼 수 있는 약 70년 전통의 전병 전문점 「**エス・テラス**(에스 테라스)」나 짱구 애니메이션의 원화 전시와 엽서 등을 판매하는 관광안내소 「**ぷらっとかすかべ**(푸랏또 카스카베)」 등 카스카베에는 다양한 짱구 굿즈 상품과 기념품들이 즐비하다.

카스카베(春日部)

주소 | 사이타마현 카스카베시 카스카베마치 1-10-1(카스카베역 기준)

웹사이트 | https://www.visit-kasukabe.jp(카스카베시관광협회)

가는 길 | 토부노다선 '카스카베역' 하차

주의사항 | 사이타마는 한여름 40도까지 기온이 오르는 경우가 있어 7~8월 방문은 비추천

여행지 살펴보기

5

내가 묵을 곳은 여기

숙소 200% 즐기기

5장 전체 듣기

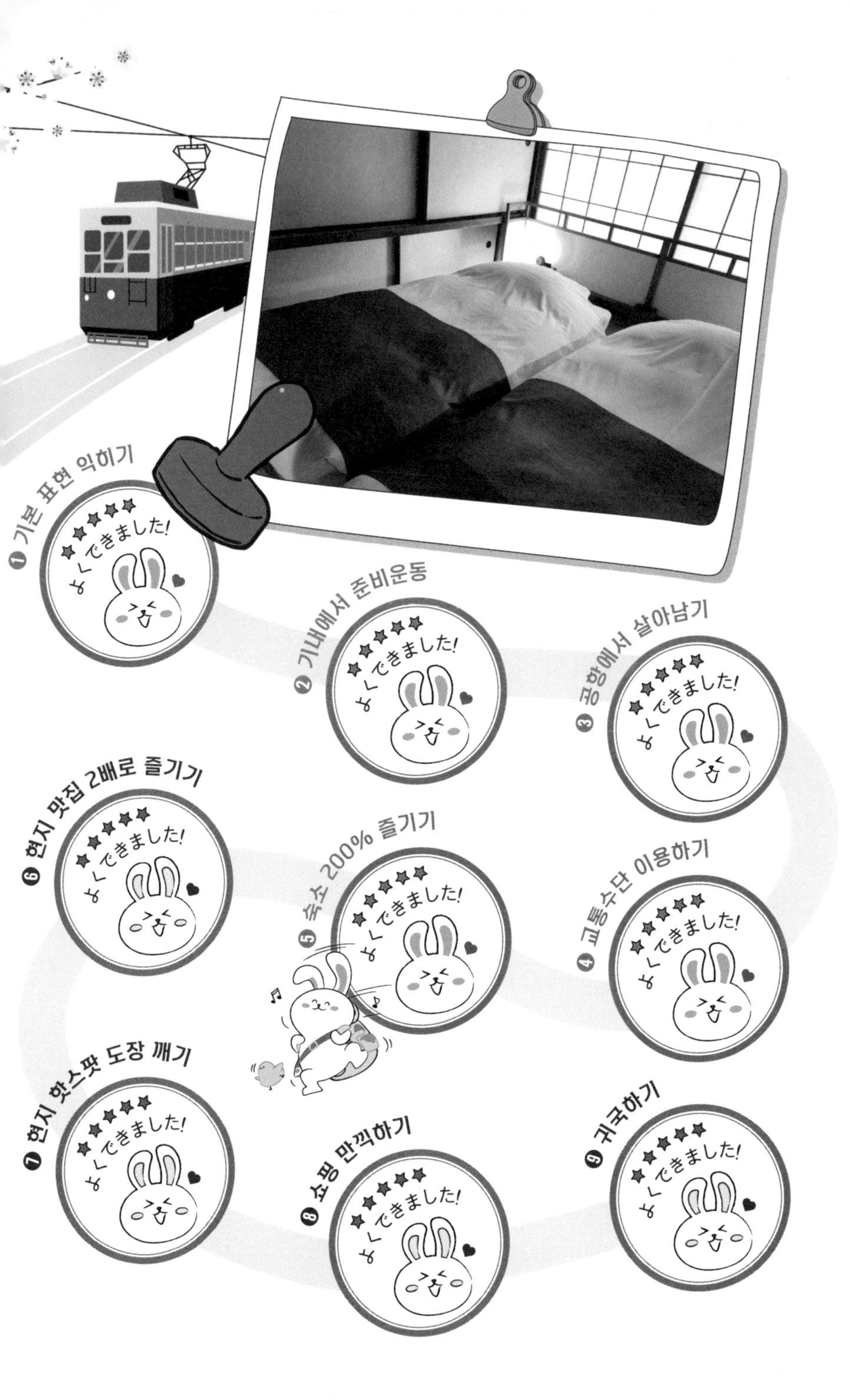
❶ 기본 표현 익히기
よくできました!
❷ 기내에서 준비운동
よくできました!
❸ 공항에서 살아남기
よくできました!
❹ 교통수단 이용하기
よくできました!
❺ 숙소 200% 즐기기
よくできました!
❻ 현지 맛집 2배로 즐기기
よくできました!
❼ 현지 핫스팟 도장 깨기
よくできました!
❽ 쇼핑 만끽하기
よくできました!
❾ 귀국하기
よくできました!

표현 영상

체크인 부탁드릴게요.

책꾸잉 오네가이시마스.

チェックイン お願(ねが)いします。

쓰기 여행 입국 준비!

숙소 프런트에서 직원에게 가장 처음 건넬 수 있는 말이에요. 반대로 '체크아웃'은 「チェックアウト」라고 한답니다.

내 글씨로 여행 즐기기!

☐

☐

☐

표현 기념품 하나 더 챙기기!

❶ (호텔 직원) "여권을 보여 주시겠습니까?"

"파스포-또노 고테-지오 오네가이이타시마스."

☑ 「パスポートの ご提示(ていじ)を お願(ねが)いいたします。」

☐

❷ 방에서 와이파이를 사용할 수 있나요?

헤야데 와이화이와 츠까에마스까?

☑ 部屋(へや)で Wi-Fiは 使(つか)えますか。

☐

조식은 몇 시부터 몇 시까지인가요?

쵸-쇼꾸와 난지까라 난지마데데스까?

朝食(ちょうしょく)は 何時(なんじ)から 何時(なんじ)までですか。

쓰기 여행 입국 준비!

「～から ～まで(~부터 ~까지)」 표현을 잘 알아 두면 시간 등을 체크하는 데 아주 도움이 된답니다. 카페나 라운지 등 숙소 내 각종 시설의 이용 시간도 한번 질문해 보세요.

내 글씨로 여행 즐기기!

☐

☐

☐

표현 기념품 하나 더 챙기기!

1. 조식 예약도 가능한가요?

   쵸-쇼꾸노 요야꾸모 데끼마스까?

   ☑ 朝食(ちょうしょく)の 予約(よやく)も できますか。

   ☐

2. 목욕탕은 몇 시까지인가요?

   다이요꾸죠-와 난지마데데스까?

   ☑ 大浴場(だいよくじょう)は 何時(なんじ)までですか。

   ☐

조식 레스토랑 위치를 알고 싶어요.

쵸-쇼꾸노 카이죠-오 시리따이데스.

朝食(ちょうしょく)の 会場(かいじょう)を 知(し)りたいです。

쓰기 여행 입국 준비!

다음 날 아침 조식을 먹을 예정이라면 미리 직원에게 장소를 확인해 보세요.

내 글씨로 여행 즐기기!

☐

☐

☐

표현 기념품 하나 더 챙기기!

❶ 조식은 당일 아침에도 신청 가능한가요?

쵸-쇼꾸와 토-지쯔데모 모-시코미데끼마스까?

☑ 朝食(ちょうしょく)は 当日(とうじつ)でも 申(もう)し込(こ)みできますか。

☐

❷ 지금 예약 가능한가요?

이마, 요야꾸데끼마스까?

☑ 今(いま)、予約(よやく)できますか。

☐

표현 영상

되도록이면 높은 층으로 배정해 주시겠어요?

나루베꾸 코-소-카이니 시떼 모라에마스까?

なるべく 高層階(こうそうかい)に して もらえますか。

쓰기 여행 입국 준비!

고층 객실의 경우 프리미엄이 붙어 저층 객실보다 비싼 경우가 많지요? 일반 객실을 예약했지만 그래도 최대한 높은 곳으로 배정받고 싶다면 직원에게 이렇게 한번 물어 보세요.

내 글씨로 여행 즐기기!

☐

☐

☐

표현 기념품 하나 더 챙기기!

❶ 일회용품은 방 안에 있나요?

아메니티와 헤야노 나까니 아리마스까?

☑ アメニティは 部屋(へや)の 中(なか)に ありますか。

☐

❷ 더블룸을 트윈룸으로 바꿀 수 있나요?

다부루루-무오 츠인루-무니 행코-데끼마스까?

☑ ダブルルームを ツインルームに 変更(へんこう)できますか。

☐

표현 영상

호텔 안에 헬스장은 있나요?

호테루나이니 지무와 아리마스까?

ホテル内(ない)に ジムは ありますか。

쓰기 여행 입국 준비!

「ジム」는 '헬스장'이라는 의미로 영어 'GYM'에서 온 말이랍니다.

내 글씨로 여행 즐기기!

☐

☐

☐

표현 기념품 하나 더 챙기기!

❶ 수영장은 있나요?

푸-루와 아리마스까?

☑ プールは ありますか。

☐

❷ 기념품 가게는 있나요?

오미야게숍뿌와 아리마스까?

☑ お土産(みやげ)ショップは ありますか。

☐

054 객실 찾기

표현 영상

이 엘리베이터 15층에 서나요?

고노에레베-타-와 쥬-고까이니 토마리마스까?

このエレベーターは 15階(じゅうごかい)に 止(と)まりますか。

쓰기 여행 입국 준비!

규모가 큰 호텔은 엘리베이터가 짝수와 홀수 층으로, 초고층의 경우 완전히 다른 구역에 분리되어 있기도 해요. 타려는 엘리베이터가 배정받은 객실 층에 멈추는지 잘 체크하고 타셔야 한답니다.

내 글씨로 여행 즐기기!

☐

☐

☐

표현 기념품 하나 더 챙기기!

❶ 25층에 어떻게 가야 하나요?

니쥬-고까이니 도-얏떼 이케바 이-데스까?

☑ 25階(にじゅうごかい)に どうやって 行(い)けば いいですか。

☐

❷ 짐을 방으로 옮겨주시겠어요?

니모쯔오 헤야마데 하콘데 모라에마스까?

☑ 荷物(にもつ)を 部屋(へや)まで 運(はこ)んで もらえますか。

☐

객실을 바꿔 주시겠어요?

헤야오 카에떼 모라에마스까?

部屋(へや)を 変(か)えて もらえますか。

쓰기 여행 입국 준비!

객실 내 청결 등의 문제로 방 교체를 원할 때는 이렇게 말해 보세요. 「変(か)える」는 '바꾸다, 변화시키다'라는 의미예요.

내 글씨로 여행 즐기기!

☐

☐

☐

표현 기념품 하나 더 챙기기!

❶ 객실이 더러워요.

헤야가 키타나이데스.

☑ 部屋(へや)が 汚(きたな)いです。

☐

❷ 머리카락이 많이 떨어져 있어요.

카미노케가 타쿠상 오찌떼 이마스.

☑ 髪(かみ)の毛(け)が たくさん 落(お)ちて います。

☐

056 일회용품 추가로 받기

칫솔 추가로 더 받을 수 있나요?

하부라시오 츠이까데 이따다케마스까?

歯(は)ブラシを 追加(ついか)で いただけますか。

쓰기 여행 입국 준비!

숙소에 비치된 일회용품이 지금 있는 것으로는 영 부족한 상황이에요. 추가로 부탁을 하고 싶다면 프런트에 이렇게 요청해 보세요.

내 글씨로 여행 즐기기!

☐

☐

☐

표현 기념품 하나 더 챙기기!

❶ 목욕 타월 2장 추가로 더 받을 수 있을까요?

바스타오루 니마이오 츠이까데 이따다케마스까?

☑ バスタオル 2枚(にまい)を 追加(ついか)で いただけますか。

☐

❷ 호텔 일회용품 요청 시에 활용할 수 있는 단어

면도기	슬리퍼	화장솜	샴푸
カミソリ 카미소리	スリッパ 스립빠	コットン 콧똥	シャンプー 샴푸-

057 가습기 요청하기

표현 영상

가습기를 좀 받았으면 하는데요.

카시쯔키오 이따다키따인데스가.

加湿器(かしつき)を　いただきたいんですが。

쓰기 여행 입국 준비!

객실이 건조할 때는 프런트에 「加湿器(かしつき)(가습기)」를 요청해 보세요. 「～を　いただきたい」는 '~을 받고 싶다'라는 뜻으로 정중히 요청하는 뉘앙스가 있답니다.

내 글씨로 여행 즐기기!

☐

☐

☐

표현 기념품 하나 더 챙기기!

❶ 가습기 좀 가져다주실 수 있나요?

카시쯔키오 못떼 키떼 모라에마스까?

☑ 加湿器(かしつき)を　持(も)って　きて　もらえますか。

☐

❷ 공기청정기 빌려 주시나요?

쿠-키세-죠-키노 렌타루와 시떼 이마스까?

☑ 空気清浄機(くうきせいじょうき)の　レンタルは　して　いますか。

☐

표현 영상

TV가 안 나와요.

테레비가 츠까나인데스.

テレビが つかないんです。

쓰기 여행 입국 준비!

「つかない」는 '(전기, TV 등이) 켜지다, 작동하다'라는 뜻을 가진 동사 「つく」의 부정 표현이에요.

내 글씨로 여행 즐기기!

☐

☐

☐

표현 기념품 하나 더 챙기기!

① 화장실 불이 안 들어와요.

토이레노 뎅끼가 츠까나인데스.

☑ トイレの 電気(でんき)が つかないんです。

☐

② 에어컨이 고장 났어요.

에아콩가 코쇼-시떼 이마스.

☑ エアコンが 故障(こしょう)して います。

☐

표현 영상

모닝콜 부탁드려요.

모-닝구코-루오 오네가이시마스.

モーニングコールを お願いします。

쓰기 여행 입국 준비!

다음 날 중요한 일정이 있어서 모닝콜이 필요할 때는 호텔 직원에게 이렇게 부탁해 보세요.

내 글씨로 여행 즐기기!

☐

☐

☐

표현 기념품 하나 더 챙기기!

❶ (호텔 직원) "원하시는 시간을 말씀해 주세요."

"고키보-노 오지깡오 오네가이이타시마스."

☑ 「ご希望の お時間を お願いいたします。」

☐

❷ 아침 6시 30분에 깨워 주세요.

고젠로꾸지항니 오네가이시마스.

☑ 午前6時半に お願いします。

☐

표현 영상

여기 쟁반하고 접시가 없어요.

고꼬 토레-또 오사라가 아리마셍.

ここ トレイと お皿が ありません。

쓰기 여행 입국 준비!

조식 뷔페에 줄을 서서 차례를 기다리다가 앞사람을 마지막으로 쟁반이나 접시가 떨어진 걸 봤다면? 당황하지 말고 직원에게 이렇게 말해 보세요. 「皿」는 '접시'를 뜻하는데, 앞에 「お」를 붙여 「お皿」라고 하면 한층 부드러운 뉘앙스를 준답니다.

내 글씨로 여행 즐기기!

- [ ]
- [ ]
- [ ]

표현 기념품 하나 더 챙기기!

① 포크하고 나이프가 없어요.

훠-쿠또 나이후가 나인데스.

- [x] フォークと ナイフが ないんです。
- [ ]

② 냅킨 좀 주시겠어요?

카미나푸킹 이따다케마스까?

- [x] 紙ナプキン いただけますか。
- [ ]

061 객실 청소 거절하기

표현 영상

객실 청소는 안 해 주셔도 돼요. 타올만 받을 수 있나요?

헤야노 소-지와 겍코-데스. 타오루다께 이따다케마스까?

部屋(へや)の 掃除(そうじ)は 結構(けっこう)です。
タオルだけ いただけますか。

쓰기 여행 입국 준비!

연박을 하는 경우 바깥에 나가 있는 동안 객실 청소가 되어 있곤 하지요? 타올만 새것으로 받고 청소는 안 해 줬으면 할 때는 프런트에 이렇게 요청하면 된답니다.

내 글씨로 여행 즐기기!

☐

☐

☐

표현 기념품 하나 더 챙기기!

❶ 일회용품만 새로 채워 주시겠어요?

아메니티노 호쥬-다께 오네가이데끼마스까?

☑ アメニティの 補充(ほじゅう)だけ お願(ねが)いできますか。

☐

❷ 깨우지 말아 주세요.

오코사나이데 쿠다사이.

☑ 起(お)こさないで ください。

☐

표현 영상

우산 빌려주실 수 있나요?

카사오 오카리데끼마스까?

傘(かさ)を お借(か)りできますか。

쓰기 여행 입국 준비!

숙소를 나오려는데 비가 오면 곤란하지요? 그럴 땐 프런트 직원에게 위 표현으로 우산을 요청해 보세요. 추가로 「傘(かさ)」는 '우산', 「借(か)りる」는 '빌리다'라는 의미예요.

내 글씨로 여행 즐기기!

☐

☐

☐

표현 기념품 하나 더 챙기기!

① 우산 2개를 빌리고 싶은데요.

카사오 후타쯔 오카리시따인데스가.

☑ 傘(かさ)を 2(ふた)つ お借(か)りしたいんですが。

☐

② 접이식 우산은 없나요?

오리타타미가사와 아리마셍까?

☑ 折(お)りたたみ傘(がさ)は ありませんか。

☐

여행칼럼 ①

일생에 단 한 번뿐인 인연 '이치고이치에'

전철을 타고 여행을 하던 중 딱 한 번 어르신께 자리를 양보한 적이 있다.
본인보다 큰 가방을 들고 열차에 올라탄 작고 마른 할머니.
무슨 용기인지 할머니에게 다가가 자리를 권했다.

할머니는 외국인의 친절에 고마움보다는 우선 당황스러움이 앞섰던 것 같다.
계속 권하는 게 맞는 것인지 고민하면서도 어차피 한번 보고 말 사이인데
두려울 게 뭐가 있나 싶었다.
계속되는 나의 제안에 할머니는 얼굴에 미소를 띠며 고맙다는 말을 전했다.

그 뒤로 네, 다섯 정거장쯤 지나서였을까.
할머니는 열차에서 내려 열차가 다시 떠나는 그 순간까지
그 자리에 서서 내게 꾸벅 인사를 하셨다.
어쩌면 다시 만나지 못할 인연에게 진심을 다해서.

일생의 단 한 번뿐인 인연이라는 뜻의 일본어 '이치고이치에'라는 말이
이런 순간을 두고 하는 말은 아닐까 싶었다.

여행칼럼 ❷

취향대로 골라서 가자

도쿄 디즈니랜드 東京ディズニーランド

여행 중 특별한 추억을 만들고자 한다면 현지 놀이공원에 방문해 보는 것을 추천하고 싶다. 일본에는 전국에 걸쳐 다양한 매력을 가진 놀이공원이 존재하는데 그중에서도 연간 약 2천만 명이 넘는 방문자 수를 자랑하는 「**東京**(とうきょう)**ディズニーランド**(도쿄 디즈니랜드)」의 인기는 가히 압도적이라고 할 수 있다.

디즈니랜드는 여러 나라에 있는 만큼 우리에게도 이 '디즈니랜드'라는 명칭이 익숙한데 사실 일본 현지에는 '도쿄 디즈니랜드' 외에도 바다를 모티브로 한 전 세계 유일의 테마파크인 '도쿄 디즈니씨'도 존재한다. 다시 말해서 랜드와 씨 2개의 테마파크가 있기 때문에 처음 가는 분들은 어디를 가야 할지 망설여질 수 있다.

'도쿄 디즈니랜드'는 '꿈과 마법의 왕국'이라는 세부 콘셉트에 맞게 디즈니 각종 캐릭터의 세계관을 반영한 쇼나 퍼레이드가 충실한 것이 특징이며, 유명한 「**シンデレラ城**(じょう)(신데렐라의 성)」이 있는 곳이 여기다. 만약 백설 공주, 라푼젤 등 디즈니 공주 캐릭터를 좋아하거나 디즈니 굿즈를 구매할 생각이라면 랜드를 적극 추천한다.

한편 '모험과 상상의 바다로'를 내걸고 있는 '디즈니씨'는 넓은 바다와 웅장한 화산을 중심으로 「**タワーオブテラー**(타워 오브 테러)」, 「**インディジョーンズ**(인디아나 존스)」와 같이 박진감 넘치는 놀이기구와 실제 역사를 바탕으로 만들어진 탄탄한 모험 스토리를 자랑한다. 술을 마실 수 있고 전반적인 테마파크의 분위기가 어른스럽기 때문에 가족 단위의 방문자가 많은 랜드와 달리 친구 혹은 커플들에게 적합한 편이다.

✈ 도쿄 디즈니랜드&씨(東京ディズニーランド&シー)

여행지 살펴보기

주소 | 지바현 우라야스시 마이하마 1-1

웹사이트 | https://www.tokyodisneyresort.jp/tdl

개장시간 | 9:00 ~ 21:00가 일반적이나 요일, 계절에 따라 상이할 수 있어 확인 필수

가는 길 | JR케이요선 · 무사시노선 '마이하마역' 하차

주의사항 | 점검, 보수 공사 등으로 놀이기구를 운행 안 하는 경우가 있으니 사전 체크 필요

6

먹고 마시고 즐기고

현지 맛집 2배로 즐기기

6장 전체 듣기

Café Kitsuné
PARIS
Café Kitsuné
PARIS
Café Kitsuné
PARIS
❶ 기본 표현 익히기
よくできました!
❷ 기내에서 준비운동
よくできました!
❸ 공항에서 살아남기
よくできました!
❹ 교통수단 이용하기
よくできました!
❺ 숙소 200% 즐기기
よくできました!
❻ 현지 맛집 2배로 즐기기
よくできました!
❼ 현지 핫스팟 도장 깨기
よくできました!
❽ 쇼핑 만끽하기
よくできました!
❾ 귀국하기
よくできました!

아이스 카페라떼 L사이즈로 주세요.

에루사이즈노 아이스카훼라떼 쿠다사이.

Lサイズの アイスカフェラテ ください。

쓰기 여행 입국 준비!

따뜻한 음료를 주문할 때는 직원에게 「ホット(따뜻한)」라고 말하면 돼요. 참고로 '시럽'은 「ガムシロップ」, '휘핑크림'은 「ホイップクリーム」라고 한답니다.

내 글씨로 여행 즐기기!

☐

☐

☐

표현 기념품 하나 더 챙기기!

1. 아이스 커피 디카페인으로 부탁드려요.

   디카훼노 아이스코-히- 오네가이시마스.

☑ ディカフェの アイスコーヒー お願(ねが)いします。

☐

2. 휘핑크림 빼 주세요.

   호입뿌쿠리-무누키데 오네가이시마스.

☑ ホイップクリームぬきで お願(ねが)いします。

☐

표현 영상

테이크 아웃이요.

모찌카에리데.

持(も)ち帰(かえ)りで。

쓰기 여행 입국 준비!

마시고 싶은 음료를 주문하면 점원은 '가게에서 드실 건가요?'라는 뜻의 「店内(てんない)で お召(め)し上(あ)がりですか」라는 질문을 해 올 거예요. 이때 음료를 가지고 나가고 싶다는 뜻을 전달할 수 있는 가벼운 표현이랍니다.

내 글씨로 여행 즐기기!

☐

☐

☐

표현 기념품 하나 더 챙기기!

❶ 매장에서 마실게요.

텐나이데 노미마스.

☑ 店内(てんない)で 飲(の)みます。

☐

❷ 텀블러에 담아 주실 수 있나요?

탐브라-니 이레떼 모라에마스까?

☑ タンブラーに 入(い)れて もらえますか。

☐

065 카페에서 실속 있게 주문하기

표현 영상

추천 메뉴는 뭔가요?

오스스메와 난데스까?

おすすめは 何(なん)ですか。

쓰기 여행 입국 준비!

'추천(혹은 추천 메뉴)'을 일본어로는 「おすすめ」라고 해요. 현지 카페에서 메뉴를 보고도 어떤 것을 마실지 고민될 때 점원에게 이렇게 물어 보세요.

내 글씨로 여행 즐기기!

☐

☐

☐

표현 기념품 하나 더 챙기기!

❶ 가장 인기 있는 음료는 뭔가요?

이찌방 닝끼노 노미모노와 난데스까?

☑ 一番(いちばん) 人気(にんき)の 飲(の)み物(もの)は 何(なん)ですか。

☐

❷ '오늘의 커피'는 어떤 거예요?

'혼지쯔노코-히-'와 난데스까?

☑ 「本日(ほんじつ)のコーヒー」は 何(なん)ですか。

☐

표현 영상

2명이요.

니메-데스.

にめい
2名です。

쓰기 여행 입국 준비!

가게 입구에 들어서면 점원은 「何名(なんめい)さまですか(몇 분이세요?)」라고 인원수를 물어 올 거예요. 이때 손가락으로 몇 명인지 사인을 보내면서 이렇게 말하면 쉽게 자리 안내를 받을 수 있답니다. 「○○名(めい)(~명)」 앞에 현재 인원수에 맞는 숫자를 넣어서 활용해 보세요.

내 글씨로 여행 즐기기!

☐

☐

☐

표현 기념품 하나 더 챙기기!

❶ 1명이요.

히또리데스.

☑ 1人(ひとり)です。

☐

❷ (점원) "흡연하시나요?"

"타바꼬와 스와레마스까?"

☑ 「タバコは 吸(す)われますか。」

☐

가라아게 정식 하나 주세요.

카라아게테-쇼꾸 히토쯔 쿠다사이.

からあげ定食(ていしょく) 1つ(ひと) ください。

쓰기 여행 입국 준비!

「定食(ていしょく)」는 '정식'이라는 의미로 가게마다 조금씩 다르지만 보통 메인 메뉴 외에 「サラダ(샐러드)」와 「みそ汁(しる)(된장국)」가 포함되어 있는 경우가 많아요.

내 글씨로 여행 즐기기!

☐

☐

☐

표현 기념품 하나 더 챙기기!

❶ 오늘의 정식 2개 주세요.

히가와리테-쇼꾸 후타쯔 쿠다사이.

☑ 日替(ひが)わり定食(ていしょく) 2つ(ふた) ください。

☐

❷ 게살 크림 고로케 1개 추가할게요.

츠이까데 카니쿠리-무코록께 익꼬 쿠다사이.

☑ 追加(ついか)で カニクリームコロッケ 1個(いっこ) ください。

☐

밥 더 주세요.

라이스노 오까와리 오네가이시마스.

ライスの おかわり お願(ねが)いします。

쓰기 여행 입국 준비!

「おかわり」는 우리말로 '리필'이라는 의미예요. 「おかわり無料(むりょう)(리필 무료)」인 식당에서는 몇 번이고 편하게 더 달라고 할 수 있답니다.

내 글씨로 여행 즐기기!

☐

☐

☐

표현 기념품 하나 더 챙기기!

❶ (리필할 밥의 양을 말할 때) 반 정도 주세요.

함붕쿠라이데.

☑ 半分(はんぶん)くらいで。

☐

❷ 된장국 리필되나요?

미소시루와 오까와리데끼마스까?

☑ みそ汁(しる)は おかわりできますか。

☐

계산해 주세요.

오카이케- 오네가이시마스.

かいけい　ねが
お会計 お願いします。

쓰기 여행 입국 준비!

일본 식당에서는 자리에서 계산이 이뤄지는 경우가 많아요. 식사를 끝마친 후 자리에서 점원에게 위 표현으로 계산을 요청하면 자리로 금액이 표시된 전표를 가져다준답니다. 그다음 금액이 맞는지 확인이 끝나면 식비 지불 또한 자리에서 이루어지니 참고해 주세요.

내 글씨로 여행 즐기기!

☐

☐

☐

표현 기념품 하나 더 챙기기!

① 카드 결제 되나요?

카-도와 츠까에마스까?

つか
☑ カードは 使えますか。

☐

② 한꺼번에 계산할게요.

잇쇼데 오네가이시마스.

いっしょ　ねが
☑ 一緒で お願いします。

☐

표현 영상

우선 생맥 2잔 부탁드려요.

토리아에즈 나마 후타쯔 쿠다사이.

とりあえず 生(なま) 2つ(ふた) ください。

쓰기 여행 입국 준비!

이자카야에는 다양한 술과 안주가 있지만 일본에서는 첫 스타트를 일단 생맥주로 하는 경우가 많답니다. '생맥주'는 「生(なま)ビール」인데 현지에서는 흔히 줄여서 「生(なま)」라고도 해요. 가게에 들어와 테이블에 앉았다면 이 표현을 바로 활용해 보세요.

내 글씨로 여행 즐기기!

☐

☐

☐

표현 기념품 하나 더 챙기기!

❶ (점원) "기본 안주와 물수건 드리겠습니다."

"오토-시또 오시보리데고자이마스."

☑ 「お通(とお)しと おしぼりでございます。」

☐

❷ 이자카야에서 써 볼 수 있는 음료 단어

사와 (소주 베이스에 탄산을 섞은 술)	칵테일	매실주	논알콜 음료
サワー 사와-	カクテル 카쿠테루	梅酒(うめしゅ) 우메슈	ソフトドリンク 소후토도링쿠

071 이자카야에서 개운하게 한잔하기

모츠나베 1인분도 가능한가요?

모쯔나베 이찌닌마에모 데끼마스까?

もつ鍋(なべ) 1人前(いちにんまえ)も できますか。

쓰기 여행 입국 준비!

'일본식 곱창전골'이라는 의미의 「もつ鍋(なべ)」는 깊고 진한 국물 맛이 매력적인 현지 이자카야 단골 메뉴예요. 혼밥, 혼술족이 많은 일본에서는 1인분 주문이 가능하기도 하답니다. 혼자 이자카야에 왔다면 망설이지 말고 점원에게 문의해 보세요.

내 글씨로 여행 즐기기!

- [ ]
- [ ]
- [ ]

표현 기념품 하나 더 챙기기!

❶ 베이스 국물은 어떤 게 있나요?

다시와 나니가 아리마스까?

- [x] だしは 何(なに)が ありますか。
- [ ]

❷ 이자카야에서 써 볼 수 있는 사이드 메뉴 단어

소금 뿌린 양배추	곱창 초절임	명란 계란말이	군만두
塩(しお)キャベツ 시오캬베쯔	すもつ 스모쯔	明太玉子焼(めんたいたまごや)き 멘따이타마고야끼	焼(や)き餃子(ぎょうざ) 야끼교-자

따뜻한 사케에 어울리는 안주를 주문하고 싶은데요.

아쯔깡니 아우 오쯔마미오 오네가이시따이노데스가.

あつかんに 合(あ)う おつまみを お願(ねが)いしたいのですが。

쓰기 여행 입국 준비!

「あつかん」은 일본식 청주인 사케를 50도 전후로 따뜻하게 데운 술이에요. '안주'는 「おつまみ」라고 한답니다.

내 글씨로 여행 즐기기!

☐

☐

☐

표현 기념품 하나 더 챙기기!

❶ 차가운 사케와 맞는 안주를 추천해 주세요.

레-슈니 아우 오쯔마미오 오스스메 쿠다사이.

☑ 冷酒(れいしゅ)に 合(あ)う おつまみを おすすめ ください。

☐

❷ 입문용으로 좋은 사케 없을까요?

쇼신샤무케노 니혼슈와 나이데스까?

☑ 初心者向(しょしんしゃむ)けの 日本酒(にほんしゅ)は ないですか。

☐

073 오코노미야끼 구워보기

오코노미야끼는 처음이에요. 어떻게 주문하면 되나요?

표현 영상

오꼬노미야끼와 하지메떼데스. 도- 츄-몬시따라 이-데스까?

お好(この)み焼(や)きは 初(はじ)めてです。
どう 注文(ちゅうもん)したら いいですか。

쓰기 여행 입국 준비!

「お好(この)み焼(や)き(오코노미야끼)」는 대표적인 일본의 길거리 음식으로 다양한 재료를 밀가루 반죽에 섞어 철판에 구워 먹는 요리예요. 참고로 「お好(この)み」는 '기호', '취향'이라는 뜻으로 내 입맛에 맞는 재료를 넣어 구워 먹는다는 뉘앙스가 담겨 있답니다.

내 글씨로 여행 즐기기!

☐

☐

☐

표현 기념품 하나 더 챙기기!

❶ 죄송한데 구워 주시겠어요?

스미마셍, 야이떼 모랏떼 이-데스까?

☑ すみません、焼(や)いて もらって いいですか。

☐

❷ '특상 믹스 오코노미야끼'에는 뭐가 들어 있나요?

'토쿠죠-믹쿠스오꼬노미야끼'니와 나니가 하잇떼 이마스까?

☑ 「特上(とくじょう)ミックスお好(この)み焼(や)き」には 何(なに)が 入(はい)って いますか。

☐

074 텐동 현지식으로 맛보기

텐동을 소바 세트로 주시고 반숙 계란 단품으로 시킬게요.

텐동노 소바셋또또 온센타마고오 탐삥데 오네가이시마스.

天丼(てんどん)の そばセットと
温泉(おんせん)たまごを 単品(たんぴん)で お願(ねが)いします。

쓰기 여행 입국 준비!

우리나라에도 텐동 가게가 많이 생겼지만 현지 텐동집에 가면 좀 더 다양한 튀김들을 맛볼 수 있답니다. 그리고 현지 사람들은 「そば(메밀국수)」, 「うどん(우동)」 등 면요리와 함께 먹거나 단품으로 원하는 토핑을 더 얹어 먹는 경우가 많으니 꼭 도전해 보세요.

내 글씨로 여행 즐기기!

☐ ______

☐ ______

☐ ______

표현 기념품 하나 더 챙기기!

① 텐동에 새우만 빼고 주실 수 있나요?

텐동오 에비누키데 오네가이데끼마스까?

☑ 天丼(てんどん)を エビ抜(ぬ)きで お願(ねが)いできますか。

☐ ______

② 밥은 조금만 주세요.

고항와 스꾸나메니 시떼 쿠다사이.

☑ ご飯(はん)は 少(すく)なめに して ください。

☐ ______

075 라멘 내 입맛대로 즐기기

표현 영상

국물은 진하게 면은 부드럽게 해 주세요.

아지와 코이메, 멩와 야와라까메니 시떼 쿠다사이.

味(あじ)は 濃(こ)いめ、麺(めん)は やわらかめに して ください。

쓰기 여행 입국 준비!

일본 라멘집에서는 국물의 맛이나 면의 삶기 정도를 본인의 취향대로 커스터마이징을 할 수 있다는 거 알고 계셨나요? 디테일한 주문으로 특별한 나만의 라멘 한 그릇을 만들어 보세요.

내 글씨로 여행 즐기기!

☐

☐

☐

표현 기념품 하나 더 챙기기!

❶ 토핑 추천 좀 해 주세요.

오스스메노 톱핑구와 난데스까?

☑ おすすめの トッピングは 何(なん)ですか。

☐

❷ 라멘 커스터마이징에 활용할 수 있는 단어

맛	진하게	보통	연하게	면	딱딱하게	보통	부드럽게
味(あじ) 아지	濃(こ)いめ 코이메	普通(ふつう) 후쯔-	薄(うす)め 우스메	麺(めん) 멘	硬(かた)め 카따메	普通(ふつう) 후쯔-	やわらかめ 야와라까메

표현 영상

츠케멘 면 곱빼기로 주세요.

츠케멘오 오-모리데 오네가이시마스.

つけ麺(めん)を 大盛(おおもり)で お願(ねが)いします。

쓰기 여행 입국 준비!

「つけ麺(めん)(츠케멘)」은 라멘 요리 중 하나로 육수에 삶은 면을 찍어 먹는 게 특징이에요. 육수가 중요한 만큼 많은 가게들이 육수 연구에 공을 들이고 있답니다. 면의 양을 선택할 수도 있는데 「大盛(おおもり)」는 '곱빼기', 「並盛(なみもり)」는 '보통', 「小盛(こもり)」는 '양 적게'라는 뜻이에요.

내 글씨로 여행 즐기기!

☐

☐

☐

표현 기념품 하나 더 챙기기!

① 밥 좀 주시겠어요?

라이스 모라에마스까?

☑ ライス もらえますか。

☐

② 츠케멘 육수는 고를 수 있나요?

츠께지루와 에라베마스까?

☑ つけ汁(じる)は 選(えら)べますか。

☐

표현 영상

A코스에 규탕이 포함되어 있나요?

에-코-스니 규-탕와 아리마스까?

Aコースに 牛(ぎゅう)タンは ありますか。

쓰기 여행 입국 준비!

일본의 '숯불고기 전문점'을 뜻하는 「焼肉店(やきにくてん)」에 가면 다양한 코스 메뉴가 있는 걸 볼 수 있어요. 내가 먹고 싶은 고기 부위가 코스에 포함되어 있는지 궁금할 때 점원에게 이렇게 질문해 보세요.

내 글씨로 여행 즐기기!

☐

☐

☐

표현 기념품 하나 더 챙기기!

① A코스와 B코스는 뭐가 다른 건가요?

에-코-스또 비-코-스와 나니가 치가운데스까?

☑ Aコースと Bコースは 何(なに)が 違(ちが)うんですか。

☐

② 고기 주문할 때 활용할 수 있는 단어

안창살	갈비	우설 소금구이	내장
ハラミ 하라미	カルビ 카루비	タン塩(しお) 탕시오	ホルモン 호루몽

078 야끼니꾸 풀코스로 경험하기

표현 영상

후식 식사를 시키고 싶은데 괜찮은 거 있나요?

시메오 츄-몬시따인데스께도, 이-모노 아리마스까?

シメを 注文(ちゅうもん)したいんですけど、 いいもの ありますか。

쓰기 여행 입국 준비!

고기를 먹고 난 후 볶음밥이나 냉면 등을 시켜서 먹고는 하지요? 일본에서도 고기나 전골 요리 등을 먹고서 주문하는 '후식 식사'를 「シメ」라고 해요.

내 글씨로 여행 즐기기!

- [ ]
- [ ]
- [ ]

표현 기념품 하나 더 챙기기!

① 가장 인기 있는 후식 식사 메뉴는 뭔가요?

이찌방 닝끼노 시메메뉴-와 난데스까?

- [x] 一番(いちばん) 人気(にんき)の シメメニューは 何(なん)ですか。
- [ ]

② 후식 식사는 안 먹을게요.

시메와 다이죠-부데스.

- [x] シメは 大丈夫(だいじょうぶ)です。
- [ ]

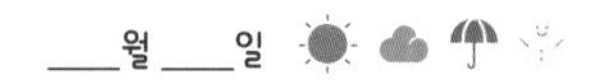

표현 영상

이 빵 지금 막 나온 건가요?

고노팡 야끼타테데스까?

このパン 焼(や)きたてですか。

쓰기 여행 입국 준비!

「~たて」는 '막 ~한'이라는 뜻이에요. 「焼(や)きたて(갓 구워 나온)」, 「揚(あ)げたて(막 튀겨져 나온)」와 같이 방금 나온 음식을 표현할 때 주로 사용한답니다.

내 글씨로 여행 즐기기!

☐

☐

☐

표현 기념품 하나 더 챙기기!

❶ 바케트는 잘라 주시겠어요?

바겟또와 킷떼 모랏떼 이-데스까?

☑ バゲットは 切(き)って もらって いいですか。

☐

❷ (점원) "오늘 중으로 드세요."

"혼지쯔츄-니 오메시아가리쿠다사이."

☑ 「本日中(ほんじつちゅう)に お召(め)し上(あ)がりください。」

☐

080 레스토랑에서 런치 주문하기

오늘의 런치에 드링크바 추가할게요.

히가와리란치노 도링쿠바-츠키데 오네가이시마스.

日替(ひが)わりランチの ドリンクバーつきで お願(ねが)いします。

쓰기 여행 입국 준비!

일본 현지에 있는 패밀리 레스토랑은 비교적 저렴하고 또 브랜드가 많아 친숙한 느낌이 든답니다. 특히 런치 시간대에 가면 「日替(ひが)わりランチ(오늘의 런치)」를 정말 저렴한 가격에 맛볼 수 있으니 시간이 된다면 한번 들러 보세요.

내 글씨로 여행 즐기기!

- [ ]
- [ ]
- [ ]

표현 기념품 하나 더 챙기기!

❶ (점원) "밥과 빵 어느 걸로 하시겠습니까?"

"라이스또 팡, 도찌라니 나사이마스까?"

- [x] 「ライスと パン、どちらに なさいますか。」
- [ ]

❷ 런치 시간대에 일반 메뉴도 주문 가능한가요?

란치타이무니 츠-죠-메뉴-모 츄-몬데끼마스까?

- [x] ランチタイムに 通常(つうじょう)メニューも 注文(ちゅうもん)できますか。
- [ ]

된장국을 돈지루로 바꿔 주시겠어요?

미소시루오 톤지루니 헹코-시떼 모라에마스까?

みそ汁(しる)を 豚汁(とんじる)に 変更(へんこう)して もらえますか。

쓰기 여행 입국 준비!

'일본식 소고기 덮밥' 「牛丼(ぎゅうどん)(규동)」을 주문하면 「みそ汁(しる)(된장국)」가 함께 제공되는 경우가 있어요. 추가 비용을 조금 지불하면 이 된장국을 '돼지고기 된장국'인 「豚汁(とんじる)(돈지루)」로 업그레이드 할 수 있답니다. 돈지루는 일본 대표 가정식으로 깊은 맛을 자랑하니 한번 도전해 보세요.

내 글씨로 여행 즐기기!

- [ ]
- [ ]
- [ ]

표현 기념품 하나 더 챙기기!

❶ 소고기만 많이 시킬 수도 있나요?

규-니꾸다께 조-료-스루 코또와 카노-데스까?

- [x] 牛肉(ぎゅうにく)だけ 増量(ぞうりょう)する ことは 可能(かのう)ですか。
- [ ]

❷ 특별한 규동 사이즈를 주문하고 싶을 때 활용할 수 있는 단어

미니 사이즈	중간 사이즈	초특대 사이즈	메가 사이즈
ミニ 미니	中盛(なかもり) 나까모리	特盛(とくもり) 토꾸모리	超特盛(ちょうとくもり) 쵸-토쿠모리

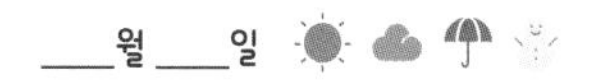

표현 영상

연어하고 광어 주세요.

사-몽또 히라메 쿠다사이.

サーモンと ひらめ ください。

쓰기 여행 입국 준비!

현지 체인 초밥집에 가면 모든 것이 자동화되어 있어서 직접 주문할 기회가 많이 없지만, 동네 곳곳에 있는 소규모 초밥집에서는 초밥 장인과 직접 대화하면서 식사를 할 수 있답니다. 간혹 깜짝 메뉴(?)를 만들어 주기도 해요.

내 글씨로 여행 즐기기!

☐

☐

☐

표현 기념품 하나 더 챙기기!

❶ 참치에 와사비 빼고 주세요.

마구로오 와사비누키데 오네가이시마스.

☑ マグロを わさびぬきで お願(ねが)いします。

☐

❷ 초밥집에서 활용할 수 있는 단어

초밥 재료	흰살 생선	주방장 특선	차, 녹차
ネタ 네따	白身魚(しろみざかな) 시로미자까나	おまかせ 오마까세	お茶(ちゃ) 오챠

표현 영상

젓가락 2개 주시겠어요?

오하시 니젠 모라에마스까?

お箸(はし) 2膳(にぜん) もらえますか。

쓰기 여행 입국 준비!

「膳(ぜん)(~쌍, ~짝)」은 젓가락을 셀 때 쓰는 표현이에요. 예를 들어 젓가락 한 개는 「1膳(いちぜん)」, 두 개는 「2膳(にぜん)」이라고 해요. 숫자 옆에 「膳(ぜん)」만 붙여 말하면 되니 아주 간단하답니다.

내 글씨로 여행 즐기기!

☐

☐

☐

표현 기념품 하나 더 챙기기!

1. (점원) “젓가락은 몇 개 필요하신가요?”

   “오하시와 난젠 오츠케시마쇼-까?”

☑ 「お箸(はし)は 何膳(なんぜん) お付(つ)けしましょうか。」

☐

2. 스푼하고 포크도 받을 수 있나요?

   스푸-웅또 훠-쿠모 모라에마스까?

☑ スプーンと フォークも もらえますか。

☐

표현 영상

패밀치킨하고 가라아게꼬치 주세요.

화미치키또 카라아케구시 쿠다사이.

ファミチキと 唐揚げ串(からあぐし) ください。

쓰기 여행 입국 준비!

숙소로 돌아가기 전에 괜히 야식 생각나지 않으세요? 맛있는 것들을 담아서 계산대로 가는데 쇼케이스에 따끈한 간식들이 보여요. 안 먹으면 후회할 것 같다 싶을 땐 계산 전에 점원에게 이렇게 주문해 보세요. 참고로「ファミチキ(패밀치킨)」은 패밀리 마트의 인기 치킨 스낵이에요.

내 글씨로 여행 즐기기!

☐

☐

☐

표현 기념품 하나 더 챙기기!

❶ 핫도그 주세요.

아메리칸독그 쿠다사이.

☑ アメリカンドッグ ください。

☐

❷ 저기요, 오뎅 좀 퍼 주시겠어요?

스이마셍, 오뎅 톳떼 모라에마스까?

☑ すいません、おでん 取(と)って もらえますか。

☐

여행칼럼 ①

청춘의 맛, '오코노미야끼'

한국에 떡볶이가 있다면 일본에는 오코노미야끼가 있다.
학교가 끝나면 친구들과 모여 먹으러 가는 것도
영양가보다는 자극적이고 중독되는 맛을 가진 것도 그렇다.

현지 사람들의 오랜 간식이자 청춘의 맛과도 같은 오코노미야끼를
여행길에 딱 한 번 경험했었다.
역 앞에 있던 소박하고 평범했던 가게.
특별할 것 없는 모습이었기 때문에 더 정이 갔다.

교복을 입은 아이들, 정장 차림의 직장인들, 나이 든 노부부들
모두 하나같이 지글지글 구워져 가는 오코니미야끼를 앞에 두고
웃음소리가 섞인 대화를 끊임없이 이어간다.

떡볶이가 어린 시절의 향수를 불러일으키는 것처럼
오코노미야끼는 그들을 잠시 어린 시절로 타임슬립 시켜주는 듯했다.

뜨거운 철판 위의 오코노미야끼를 바라보며
나도 어린아이가 된 듯 여행길의 추억 하나를 쌓았다.

여행칼럼 ❷

진한 현지 감성이 느껴지는

츠키시마 몬자 거리 月島もんじゃストリート

「もんじゃ焼き(몬자야끼)」라는 음식은 왠지 낯설게 느껴진다. 일본식 부침개인 「お好み焼き(오코노미야끼)」와 마찬가지로 철판에 구워 먹는 요리이지만, 수분이 많은 전분 국물을 얇게 부쳐서 위에 토핑을 올려 먹는다는 점에서 다르다. 다 익었음에도 겉으로 봤을 때는 덜 익은 것처럼 보이는 비주얼 때문에 처음 접하면 꺼려질 수도 있다.

하지만 진정한 몬자야끼의 맛에 한 번 빠지게 되면 헤어 나오기 힘들 수도 있다. 몬자는 명란, 치즈, 돼지고기 등 갖가지 토핑을 얹어 내 입맛대로 커스터마이징하는 맛이 있고, 가게에 따라 기상천외한 토핑을 제공하기도 한다. 온통 몬자야끼 가게로 가득한 도쿄의 「月島もんじゃストリート(츠키시마 몬자 거리)」는 몬자에 진심인 가게들이 끝이 안 보일 정도로 펼쳐진 몬자야끼 골목이다.

「月島駅(츠키시마역)」 7번 출구를 나와 조금만 앞으로 걸으면 지글지글 철판에서 익어가는 몬자야끼와 사람들의 웃음소리를 만날 수 있다. 유명한 가게들이 몇 군데 있지만 다른 가게들도 맛과 서비스에서 결코 뒤지지 않기 때문에 마음에 드는 가게에 방문하면 된다. 메뉴 또한 비슷비슷해서 일단 가게에 들어갔다면 우선 점원에게 추천메뉴를 물어보고 주문하도록 하자.

그리고 몬자야끼는 직접 구워보는 것을 추천하고 싶다. 다만 처음에는 굽는 방법이나 타이밍을 맞추는 게 어렵기 때문에 첫 메뉴는 점원에게 부탁하고 다음 메뉴부터 직접 구워보면 몬자야끼의 깊은 맛과 즐거움을 배로 느껴볼 수 있다.

츠키시마 몬자 거리(月島もんじゃストリート)

주소 | 도쿄도 츄오구 츠키시마 1-3-9(츠키시마역 기준)
웹사이트 | https://monja.gr.jp(츠키시마몬자진흥회협동조합)
개장 시간 | 가게마다 상이, 저녁 영업이 메인이기 때문에 저녁 방문을 추천
가는 길 | 도쿄 메트로 유라쿠초선 · 도에이 지하철 오에도선 '츠키시마역' 하차
주의사항 | 식사 시간은 2시간으로 제한되는 경우가 많음

여행지 살펴보기

7

나도 가볼래

현지 핫스팟 도장 깨기

7장 전체 듣기

蔦屋書店
TSUTAYA BOOKS
❶ 기본 표현 익히기
よくできました!
❷ 기내에서 준비운동
よくできました!
❸ 공항에서 살아남기
よくできました!
❹ 교통수단 이용하기
よくできました!
❺ 숙소 200% 즐기기
よくできました!
❻ 현지 맛집 2배로 즐기기
よくできました!
❼ 현지 핫스팟 도장 깨기
よくできました!
❽ 쇼핑 만끽하기
よくできました!
❾ 귀국하기
よくできました!

표현 영상

저기 혹시 사진 좀 찍어주실 수 있을까요?

스미마셍, 샤싱 톳떼 이따다케마스까?

すみません、写真(しゃしん) 取(と)って いただけますか。

쓰기 여행 입국 준비!

'사진'은 「写真(しゃしん)」, '(사진 등을) 찍다, 촬영하다'는 「撮(と)る」라고 해요. 두 어휘는 함께 사용하는 경우가 많으니 세트로 알아 두면 좋아요.

내 글씨로 여행 즐기기!

☐

☐

☐

표현 기념품 하나 더 챙기기!

❶ 티켓 판매소를 찾고 있는데요, 위치를 좀 알려주실 수 있나요?

치켓또우리바오 사가시떼 이룬데스가, 바쇼오 오시에떼 이따다케마스까?

☑ チケット売(う)り場(ば)を 探(さが)して いるんですが、場所(ばしょ)を 教(おし)えて いただけますか。

☐

❷ 여행 선물로는 뭐가 좋나요?

오미야게와 나니가 이-데스까?

☑ お土産(みやげ)は 何(なに)が いいですか。

☐

표현 영상

시부야 스카이 입구는 몇 층에 있나요?

시부야스카이노 뉴-죠-구찌와 낭가이니 아리마스까?

渋谷(しぶや)スカイの 入場口(にゅうじょうぐち)は 何階(なんがい)に ありますか。

쓰기 여행 입국 준비!

「~は 何階(なんがい)に ありますか(~은 몇 층에 있나요?)」는 어떤 장소가 건물 내 몇 층에 있는지 궁금할 때 활용할 수 있는 표현이에요.

내 글씨로 여행 즐기기!

☐

☐

☐

표현 기념품 하나 더 챙기기!

❶ 14층에 기념품 가게는 있나요?

쥬-용카이니 오미야게숍뿌와 아리 마스까?

☑ 14階(じゅうよんかい)に お土産(みやげ)ショップは ありますか。

☐

❷ 이 층에 식당은 없나요?

고노카이니 레스토랑와 나이데스까?

☑ この階(かい)に レストランは ないですか。

☐

도쿄타워는 언제 문을 닫나요?

토-쿄-타와-와 이쯔 시마리마스까?

東京(とうきょう)タワーは いつ 閉(し)まりますか。

쓰기 여행 입국 준비!

「いつ」는 '언제', 「閉(し)まる」는 '닫히다'라는 의미예요.

내 글씨로 여행 즐기기!

☐

☐

☐

표현 기념품 하나 더 챙기기!

❶ 도쿄타워에 불은 언제부터 들어오나요?

토-쿄-타와-노 라이또압뿌와 이쯔까라데스까?

☑ 東京(とうきょう)タワーの ライトアップは いつからですか。

☐

❷ 우에노 동물원은 언제 문을 여나요?

우에노도-부쯔엥와 이쯔 오-픈시마쓰까?

☑ 上野動物園(うえのどうぶつえん)は いつ オープンしますか。

☐

표현 영상

신주쿠교엔의 볼거리를 알려 주세요.

신쥬꾸교엔노 미도꼬로오 오시에떼 쿠다사이.

新宿御苑(しんじゅくぎょえん)の 見(み)どころを 教(おし)えて ください。

쓰기 여행 입국 준비!

「新宿御苑(しんじゅくぎょえん)(신주쿠교엔)」은 도쿄 신주쿠에 위치한 도심 공원으로 넓이가 어마어마해요. 원래는 왕실 정원이었으나 현재는 일반 시민에게도 공개되어 있답니다. 「見(み)どころ(볼거리)」가 정말 많기 때문에 가까운 일본 사람에게 무엇을 보면 좋을지 추천 받아보면 어떨까요?

내 글씨로 여행 즐기기!

☐

☐

☐

표현 기념품 하나 더 챙기기!

❶ 요코하마에 있는 관광지를 소개해 주실 수 있나요?

요꼬하마노 캉꼬-스폿또오 오시에떼 이따다케마스까?

☑ 横浜(よこはま)の 観光(かんこう)スポットを 教(おし)えて いただけますか。

☐

❷ 선샤인시티까지 가는 길을 알려 주세요.

산샤인씨티마데노 미찌오 오시에떼 쿠다사이.

☑ サンシャインシティまでの 道(みち)を 教(おし)えて ください。

☐

챠리챠리의 이용 방법을 설명해 주실 수 있나요?

표현 영상

챠리챠리노 리요-호-호-오 세쯔메-시떼 이따다케마스까?

チャリチャリの 利用方法(りようほうほう)を 説明(せつめい)して いただけますか。

쓰기 여행 입국 준비!

'따릉이'와 같은 공용자전거를 일본 현지에서도 찾아볼 수 있다는 거 알고 계세요? 그중 하나인 「チャリチャリ(챠리챠리)」는 후쿠오카 지역을 중심으로 나고야 그리고 현재는 도쿄에서도 이용할 수 있답니다. 거리에서 빨간색 자전거를 발견했다면 꼭 이용해 보세요.

내 글씨로 여행 즐기기!

- [ ]
- [ ]
- [ ]

표현 기념품 하나 더 챙기기!

❶ 자전거 반납 방법을 모르겠어요.

지뗀샤노 헹캬꾸호-호-가 와까리마셍.

- [x] 自転車(じてんしゃ)の 返却方法(へんきゃくほうほう)が 分(わ)かりません。
- [ ]

❷ 결제는 앱에서도 가능한가요?

오시하라이와 아뿌리데모 데끼마스까?

- [x] お支払(しはら)いは アプリでも できますか。
- [ ]

___월 ___일

아키하바라에 가챠 돌릴 만한 괜찮은 곳 있나요?

표현 영상

아키하바라데 가챠오 마와스나라 도꼬가 이-데스까?

秋葉原(あきはばら)で ガチャを 回(まわ)すなら どこが いいですか。

쓰기 여행 입국 준비!

「ガチャ(가챠)」는 우리말로 하면 '뽑기'로 캐릭터의 피규어나 키홀더 상품 등을 랜덤으로 뽑아 보며 즐기는 일종의 놀이 문화예요. '철컥철컥'이라는 뜻의 의성어 「ガチャガチャ」에서 온 말이랍니다. 도쿄에서는 「秋葉原(あきはばら)(아키하바라)」나 「池袋(いけぶくろ)(이케부쿠로)」가 가챠의 성지로 꼽히고 있어요.

내 글씨로 여행 즐기기!

☐

☐

☐

표현 기념품 하나 더 챙기기!

❶ '짱구는 못말려' 가챠가 있나요?

'쿠레용신쨩'노 가챠와 아리마스까?

☑「クレヨンしんちゃん」の ガチャは ありますか。

☐

❷ 가챠 종류가 대략 얼마나 되나요?

가챠와 난슈루이쿠라이 아룬데스까?

☑ ガチャは 何種類(なんしゅるい)くらい あるんですか。

☐

091 규카츠 맛집 추천받기

표현 영상

규카츠는 어느 가게가 맛있나요?

규-카츠와 도노미세가 오이시-데스까?

牛(ぎゅう)カツは どの店(みせ)が おいしいですか。

쓰기 여행 입국 준비!

현지에서 규카츠 맛집을 찾고 계신다면? 혹은 여러 후보가 있는데 맛이 어떨지 모르겠다면? 위 표현을 활용해서 질문해 보세요.

내 글씨로 여행 즐기기!

- [ ]
- [ ]
- [ ]

표현 기념품 하나 더 챙기기!

❶ 여기 뭐가 유명한가요?

고꼬노 메-부쯔와 난데스까?

- [x] ここの 名物(めいぶつ)は 何(なん)ですか。
- [ ]

❷ 근처에 유명한 초밥집이 있나요?

치까꾸니 유-메-나 오스시야상와 아룬데스까?

- [x] 近(ちか)くに 有名(ゆうめい)な お寿司屋(すしや)さんは あるんですか。
- [ ]

운세 종이를 나무에 걸고 싶어요.

오미꾸지오 키니 무스비따이데스.

おみくじを 木(き)に 結(むす)びたいです。

쓰기 여행 입국 준비!

「おみくじ(오미쿠지)」는 우리말로 '점괘', '운세 뽑기'라는 뜻이에요. 일본에서는 절이나 신사에서 신께 인사를 드린 후 통에서 운세 종이를 뽑아 운을 점쳐 보는 문화가 있답니다. 종이를 그냥 가져가도 되지만 사람에 따라서는 행운을 기원하는 뜻으로 나무에 걸어두기도 해요.

내 글씨로 여행 즐기기!

☐

☐

☐

표현 기념품 하나 더 챙기기!

❶ 오미쿠지통은 어디에 놓여 있나요?

오미꾸지복쿠스와 도꼬니 오이떼 아리마스까?

☑ おみくじボックスは どこに 置(お)いて ありますか。

☐

❷ 어느 게 연애 부적인가요?

렝아이오마모리와 도레데스까?

☑ 恋愛(れんあい)お守(まも)りは どれですか。

☐

093 미술관에서 한국어 투어 묻기

표현 영상

한국어 견학 투어는 지금 신청받고 있나요?

캉꼬꾸고노 가이도츠아-와 우케츠케떼 이마스까?

韓国語(かんこくご)の ガイドツアーは 受(う)け付(つ)けて いますか。

쓰기 여행 입국 준비!

현지 미술관, 박물관에서도 경우에 따라 외국어 견학 투어 서비스를 제공하고 있어요. 「~て いますか(~하고 있나요?)」는 어떤 동작이 현재 진행 중인지 물을 때 활용할 수 있답니다.

내 글씨로 여행 즐기기!

☐

☐

☐

표현 기념품 하나 더 챙기기!

❶ 한국어 팸플릿을 받고 싶어요.

캉꼬꾸고노 판후렛또오 이따다키따이데스.

☑ 韓国語(かんこくご)の パンフレットを いただきたいです。

☐

❷ 음성 가이드 서비스는 없나요?

온세-가이도사-비스와 나이데스까?

☑ 音声(おんせい)ガイドサービスは ないですか。

☐

표현 영상

인력거는 요금이 어떻게 되나요?

진리끼샤노 료-킹와 이꾸라데스까?

人力車(じんりきしゃ)の 料金(りょうきん)は いくらですか。

쓰기 여행 입국 준비!

「人力車(じんりきしゃ)」는 한자 의미 그대로 사람의 힘으로 끄는 차, 즉 '인력거'를 말해요. 인력거를 탈 수 있는 대표적인 장소로는 도쿄의 「浅草(あさくさ)(아사쿠사)」, 교토의 「嵐山(あらしやま)(아라시야마)」 등이 있답니다. 보통 1~2명 탑승 가능하며 요금은 10~20분당 3,000~6,000엔 정도 수준이에요.

내 글씨로 여행 즐기기!

☐

☐

☐

표현 기념품 하나 더 챙기기!

❶ 아사쿠사에서 스카이트리까지 인력거로 몇 분 걸리나요?

아사쿠사까라 스카이츠리-마데 진리끼샤데 남뿡 카카리마스까?

☑ 浅草(あさくさ)から スカイツリーまで 人力車(じんりきしゃ)で 何分(なんぷん) かかりますか。

☐

❷ 카드 결제도 가능한가요?

카-도바라이모 데끼마스까?

☑ カード払(ばら)いも できますか。

☐

표현 영상

도쿄 디즈니랜드와 가장 가까운 역은 어디인가요?

토-쿄-디즈니-란도노 모요리에끼와 도꼬데스까?

東京(とうきょう)ディズニーランドの 最寄(もよ)り駅(えき)は どこですか。

쓰기 여행 입국 준비!

「最寄(もよ)り駅(えき)」는 '가장 가까운 역'을 뜻해요. 도쿄 디즈니랜드와 가장 가까운 역은 「舞浜駅(まいはまえき)(마이하마역)」랍니다.

내 글씨로 여행 즐기기!

☐

☐

☐

표현 기념품 하나 더 챙기기!

❶ 디즈니랜드에 가려면 어느 역이 편한가요?

디즈니-란도니 이꾸니와 나니에끼가 벤리데스까?

☑ ディズニーランドに 行(い)くには 何駅(なにえき)が 便利(べんり)ですか。

☐

❷ 도쿄역에서 출발하는 버스는 있나요?

토-쿄-에끼까라 바스와 아리마스까?

☑ 東京駅(とうきょうえき)から バスは ありますか。

☐

096 디즈니랜드에서 추억 만들기

___월 ___일 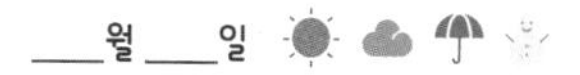

놀이기구를 빨리 탈 수 있는 티켓은 어떻게 사나요?

표현 영상

노리모노니 하야꾸 노레루 치켓또와 도-얏떼 카이마스까?

乗(の)り物(もの)に 早(はや)く 乗(の)れる チケットは どうやって 買(か)いますか。

쓰기 여행 입국 준비!

일년 내내 방문객들로 붐비는 디즈니랜드에서는 놀이기구를 타기 위해 기본 1~2시간 정도는 기다려야 하는데요. 이 기다림을 한 번에 줄여주는 유료 티켓을 전용 앱 혹은 현장에서 구매하면 빠르게 놀이기구를 탈 수 있다는 장점이 있답니다.

내 글씨로 여행 즐기기!

☐

☐

☐

표현 기념품 하나 더 챙기기!

❶ 유료 티켓을 살 수 있는 창구는 어디에 있나요?

유-료-치켓또노 마도구찌와 도꼬니 아리마스까?

☑ 有料(ゆうりょう)チケットの 窓口(まどぐち)は どこに ありますか。

☐

❷ '토이스토리 매니아'의 유료 티켓 주세요.

'토이스토-리-마니아'노 유-료-치켓또오 쿠다사이.

☑「トイストーリーマニア」の 有料(ゆうりょう)チケットを ください。

☐

여행칼럼 ①

일본 편의점의 새로운 면모

일본 여행에 대한 이야기를 나누다 보면 빠지지 않고 등장하는 것이 바로 편의점이다.
한국에도 널린 게 편의점이라 뭐 다를 게 있을까 싶으면서도
매장 내에 비치된 수많은 종류의 벤또(도시락)와 디저트를 보고 있으면
일본 감성과 더불어 그들이 얼마나 편의점에 진심인지를 느껴볼 수 있다.

그런데 일본 편의점의 매력은 이게 다가 아니다.
물건을 구매하는 손님이든 그렇지 않든 상대를 배려하는 작은 서비스 또한 갖추고 있다.

먼저 '화장실'이 그 예가 될 것 같다.
일본 편의점에는 보통 매장 내에 화장실이 있어 물건 구매 여부와 상관없이
직원에게 양해를 구하고 화장실을 쓸 수 있다.
여행을 가면 화장실 찾는 게 일인데 관광객 입장에는 너무 기쁜 서비스다.

다음으로 '길 안내'가 있다.
요즘은 워낙 앱이 활성화되어 있어서 큰 필요성을 못 느낄 수 있지만
목적지를 찾기 어려울 때 근처 편의점에 들러 직원에게 길을 물으면
지도를 꺼내 길을 알려 주기도 하고 직원에 따라서는 친절하게 약도까지 그려 주기도 한다.

여행칼럼 ❷

후쿠오카의 숨겨진 명소

우미노나카미치 해변공원 海の中道海浜公園

후쿠오카로 여행을 계획한다면 「博多(하카타)」나 「天神(텐진)」에 숙소를 두고 그 주변에서 많은 시간을 할애하는 경우가 많다. 이번에 소개하고자 하는 「海の中道海浜公園(우미노나카미치 해변공원)」은 후쿠오카 중심지에서 꽤 떨어져 있지만 충분히 방문할 가치가 있는 장소이다.

후쿠오카 사람들에게 일명 '우미나카'라는 애칭으로 불리는 이곳은 약 3,500제곱미터에 이르는 넓은 대지를 자랑하는데 사계절 내내 다양하고 희귀한 식물들을 만나볼 수 있으며 캠프장, 사이클 등 각종 액티비티 시설이 잘 갖춰져 있는 것으로도 유명하다.

또 공원 내에 위치한 수족관 '마린월드'는 많은 방문객들이 찾아오는 인기 관광지인데, 특히 2층 높이의 파노라마 대수조는 압도적인 크기를 자랑하며 전문 다이버가 마이크를 부착한 채로 수조에 들어가 물고기들에게 먹이를 주며 소통하는 모습도 볼 수 있다. 수족관 야외로 나가면 타코야끼, 아이스크림 등 간단한 음식을 먹으며 돌고래쇼를 관람할 수도 있다.

마지막으로 공원에서는 약 50종 500마리의 동물들도 만날 수 있는데 대표적으로 캥거루, 카피바라 등이 인기이며 그 외에도 다양한 동물들에게 직접 사료를 주거나 함께 사진을 찍을 수 있는 공간들도 마련되어 있다.

우미노나카미치 해변공원(海の中道海浜公園)

주소 | 후쿠오카현 후쿠오카시 히가시구 오아자 니시도자키 18-25
웹사이트 | https://uminaka-park.jp
개장시간 | 9시 30분~17시 30분(동절기는 단축 영업)
가는 길 | JR카시이선 '우미노나카미치역' 하차
주의사항 | 햇빛과 자외선 지수가 높은 7~8월에는 방문을 비추천

여행지 살펴보기

8

지갑이 마구 열린다

쇼핑 만끽하기

8장 전체 듣기

❶ 기본 표현 익히기
よくできました!
❷ 기내에서 준비운동
よくできました!
❸ 공항에서 살아남기
よくできました!
❹ 교통수단 이용하기
よくできました!
❺ 숙소 200% 즐기기
よくできました!
❻ 현지 맛집 2배로 즐기기
よくできました!
❼ 현지 핫스팟 도장 깨기
よくできました!
❽ 쇼핑 만끽하기
よくできました!
❾ 귀국하기
よくできました!

표현 영상

피팅룸은 어디인가요?

시챠꾸시쯔와 도꼬데스까?

試着室(しちゃくしつ)は どこですか。

쓰기 여행 입국 준비!

「試着(しちゃく)」은 '옷을 입어 봄'이란 뜻이에요. 매장에서 피팅룸을 찾기 어려울 때 점원에게 위치를 물어 보세요.

내 글씨로 여행 즐기기!

☐

☐

☐

표현 기념품 하나 더 챙기기!

❶ 옷을 입어 봐도 될까요?

시챠꾸시떼모 이-데스까?

☑ 試着(しちゃく)しても いいですか。

☐

❷ 계산대는 어디에 있나요?

레지와 도꼬데스까?

☑ レジは どこですか。

☐

098 옷 꼼꼼하게 구매하기

표현 영상

이 옷 저한테는 좀 작아요.

고노후꾸, 와따시니와 스꼬시 치-사이데스.

この服(ふく)、私(わたし)には 少(すこ)し 小(ち)さいです。

쓰기 여행 입국 준비!

피팅룸에서 옷을 입어 본 후 사이즈가 작다면 점원에게 이렇게 말해 보세요. 일본 옷은 우리나라와 비교했을 때 같은 사이즈여도 비교적 작게 나오는 경우가 많답니다. 꼭 피팅해 보시고 옷에 따라서는 한 사이즈 업하는 것을 추천드려요.

내 글씨로 여행 즐기기!

- [ ]
- [ ]
- [ ]

표현 기념품 하나 더 챙기기!

❶ 좀 커요.

촛또 오-키-데스.

- [x] ちょっと 大(おお)きいです。
- [ ]

❷ 좀 더 큰 사이즈 없나요?

못또 오-키- 사이즈 나이데스까?

- [x] もっと 大(おお)きい サイズ ないですか。
- [ ]

이 자켓, 다른 컬러 있나요?

고노쟈켓또, 호까노 이로와 아리마스까?

このジャケット、ほかの 色(いろ)は ありますか。

쓰기 여행 입국 준비!

「色(いろ)」는 '색', '컬러'라는 의미예요. 원하는 컬러가 안 보일 때 활용 가능한 표현이랍니다. 간혹 필요에 의해 특정 컬러만 빼놓기도 하니 포기하지 말고 점원에게 문의해 보세요.

내 글씨로 여행 즐기기!

☐

☐

☐

표현 기념품 하나 더 챙기기!

❶ 다른 색이 있다면 좀 보여주시겠어요?

이로치가이가 아레바 미세떼 이따다케마스까?

☑ 色違(いろちが)いが あれば 見(み)せて いただけますか。

☐

❷ 옷 가게에서 활용할 수 있는 색 단어

빨간색	파란색	초록색	노란색
赤色(あかいろ) 아까이로	青色(あおいろ) 아오이로	緑色(みどりいろ) 미도리이로	黄色(きいろ) 키이로

100 신발 꼼꼼하게 구매하기

표현 영상

저 신발 신어 보고 싶은데요.

아노구쯔, 하이떼 미따인데스가.

あの靴(くつ)、履(は)いて みたいんですが。

쓰기 여행 입국 준비!

「履(は)く」는 '(신발을) 신다'라는 의미예요. 참고로 '(바지를) 입다' 또한 발음은 같지만 한자는 다르게 「穿(は)く」라고 표기한다는 점 참고하세요.

내 글씨로 여행 즐기기!

☐

☐

☐

표현 기념품 하나 더 챙기기!

① 이 구두 굽은 몇 센티인가요?

고노구쯔노 히-루와 난센치데스까?

☑ この靴(くつ)の ヒールは 何(なん)センチですか。

☐

② 비에 젖어도 문제없나요?

아메니 누레떼모 다이죠-부데스까?

☑ 雨(あめ)に 濡(ぬ)れても 大丈夫(だいじょうぶ)ですか。

☐

표현 영상

240이요.

니쥬-욘데스.

24(にじゅうよん)です。

쓰기 여행 입국 준비!

일본에서는 신발 사이즈를 'cm'로 나타낸답니다. 0을 하나 빼고 말한다고 생각하시면 이해가 빠르실 거예요.

내 글씨로 여행 즐기기!

☐

☐

☐

표현 기념품 하나 더 챙기기!

❶ 245는 없나요?

니쥬-욘뗑고와 아리마셍까?

☑ 24.5は ありませんか。

☐

❷ 발 앞쪽이 좀 껴요.

츠마사끼가 춋또 키쯔인데스.

☑ つま先(さき)が ちょっと きついんです。

☐

표현 영상

일본 한정 상품이 있나요?

니혼겐테-노 모노와 아리마스까?

日本限定(にほんげんてい)の ものは ありますか。

쓰기 여행 입국 준비!

'무인양품(MUJI)'은 한국에도 매장이 있지만 현지 매장과는 상품 구성이나 진열 방식이 다른데요. 일본에서만 살 수 있는 물건이 궁금하다면 이렇게 문의해 보세요.

내 글씨로 여행 즐기기!

- ☐
- ☐
- ☐

표현 기념품 하나 더 챙기기!

❶ 일본에서만 구매할 수 있는 제품이 있나요?

니혼데시까 카에나이 모노와 아리마스까?

- ☑ 日本(にほん)でしか 買(か)えない ものは ありますか。
- ☐

❷ 가장 잘 나가는 굿즈는 뭔가요?

이찌방 우레떼 이루 굿쯔와 난데스까?

- ☑ 一番(いちばん) 売(う)れて いる グッズは 何(なん)ですか。
- ☐

껴 봐도 될까요?

츠께떼 미떼모 이-데스까?

つけて みても いいですか。

쓰기 여행 입국 준비!

「つける」는 '(액세서리 등을) 착용하다'라는 의미가 있어요. 제품에 따라서 착용이 안 되는 경우도 있으니 착용 전 꼭 점원에게 물어 보세요.

내 글씨로 여행 즐기기!

☐

☐

☐

표현 기념품 하나 더 챙기기!

❶ 저기에 있는 손목시계 좀 차 봐도 될까요?

아노우데도케-, 춋또 타메시떼모 이-데스까?

☑ あの腕時計(うでどけい)、ちょっと 試(ため)しても いいですか。

☐

❷ 단톤 빈티지 제품은 있나요?

단톤노 후루기와 아리마스까?

☑ ダントンの 古着(ふるぎ)は ありますか。

☐

표현 영상

면세되나요?

멘제-와 데끼마스까?

めんぜい
免税は できますか。

쓰기 여행 입국 준비!

일본에서는 의약품과 뷰티&헬스 케어 제품들이 한데 모여있는 「ドラックストア(드러그 스토어)」를 여기저기서 볼 수 있는데요. 여기서도 구매한 품목을 면세받을 수 있다는 거 혹시 알고 계셨나요? 결제 전 꼭 점원에게 체크해서 저렴하게 쇼핑해 보세요.

내 글씨로 여행 즐기기!

☐

☐

☐

표현 기념품 하나 더 챙기기!

❶ 안약 코너는 어디에 있나요?

메구스리코-나-와 도꼬데스까?

め ぐすり
☑ 目薬コーナーは どこですか。

☐

❷ 배탈약 주세요.

쇼꾸아타리니 키꾸 쿠스리오 오네가이시마스.

しょく　　　　き　　くすり　　ねが
☑ 食あたりに 効く 薬を お願いします。

☐

105 서점에서 북 커버 부탁하기

표현 영상

북 커버 씌워 주세요.

카바- 츠께떼 모라에마스까?

カバー つけて もらえますか。

쓰기 여행 입국 준비!

현지 서점에서는 북 커버 서비스를 제공한답니다. 이 커버는 책 제목 등 책과 관련된 정보가 다른 사람에게 안 보이도록 가려주는 역할을 해요. 점원이 먼저 커버를 원하는지 물어보기도 하지만 손님이 요청해야 제공하는 경우도 있으니 꼭 한번 확인해 보세요.

내 글씨로 여행 즐기기!

☐

☐

☐

표현 기념품 하나 더 챙기기!

① 그림책은 몇 층에 있나요?

에홍와 낭가이데스까?

☑ 絵本(えほん)は 何階(なんがい)ですか。

☐

② 이 책을 찾고 있는데 위치를 좀 알려주시겠어요?

고노홍오 사가시떼 이룬데스가, 바쇼오 오시에떼 모라에마스까?

☑ この本(ほん)を 探(さが)して いるんですが、場所(ばしょ)を 教(おし)えて もらえますか。

☐

표현 영상

닌텐도 스위치는 판매하고 있나요?

닌텐도-스잇치와 함바이시떼 이마스까?

ニンテンドースイッチは 販売(はんばい)して いますか。

쓰기 여행 입국 준비!

'닌텐도', '플레이스테이션'과 같은 게임기를 좋아하신다면 현지 매장을 꼭 둘러보시길 추천하고 싶어요. 「ビックカメラ(빅카메라)」나 「ヨドバシカメラ(요도바시카메라)」 등 대형 전자제품 매장에서는 면세, 카드 할인 혜택도 받을 수 있으니 체크해 보세요!

내 글씨로 여행 즐기기!

☐

☐

☐

표현 기념품 하나 더 챙기기!

❶ 가장 최근에 나온 플레이스테이션을 찾고 있는데요.

이찌방 아따라시- 푸레-스테-숀오 사가시떼 이룬데스가.

☑ 一番(いちばん) 新(あたら)しい プレーステーションを 探(さが)して いるんですが。

☐

❷ 이거 최신 버전인가요?

고레, 사이신바-죤데스까?

☑ これ、最新(さいしん)バージョンですか。

☐

도쿄바나나의 유통기한은 어떻게 돼요?

토-쿄-바나나노 쇼-미기겡와 도레쿠라이데스까?

東京(とうきょう)ばな奈(な)の 賞味期限(しょうみきげん)は どれくらいですか。

쓰기 여행 입국 준비!

「賞味期限(しょうみきげん)」은 우리말의 '유통기한'과 의미는 비슷하지만 좀 더 디테일하게 들어가면 '음식을 맛있게 먹을 수 있는 기한'이라는 뜻이랍니다. 이 기한이 지났다고 해서 음식 안전에 문제가 생기는 것은 아니지만 그래도 가급적 빨리 먹으면 좋겠죠?

내 글씨로 여행 즐기기!

☐

☐

☐

표현 기념품 하나 더 챙기기!

❶ 도쿄바나나 포켓몬 버전은 없나요?

포케몬노 토-쿄-바나나와 아리마셍까?

☑ ポケモンの 東京(とうきょう)ばな奈(な)は ありませんか。

☐

❷ 냉동해도 되나요?

레-토-데끼마스까?

☑ 冷凍(れいとう)できますか。

☐

108 도쿄바나나 구매하기

따로따로 포장해 주세요.

베쯔베쯔니 츠츤데 쿠다사이.

別々(べつべつ)に 包(つつ)んで ください。

쓰기 여행 입국 준비!

「別々(べつべつ)」는 우리말로 '따로따로'라는 뜻이에요. 여러 사람에게 선물하기 위해 개별 포장이 필요하다면 이렇게 요청해 보세요.

내 글씨로 여행 즐기기!

☐

☐

☐

표현 기념품 하나 더 챙기기!

❶ 선물할 거예요.

푸레젠또요-데스.

☑ プレゼント用(よう)です。

☐

❷ 손잡이 봉투 하나 더 주시겠어요?

테사게부꾸로 모-히토쯔 이따다케마스까?

☑ 手提(てさ)げ袋(ぶくろ) もう1(ひと)つ いただけますか。

☐

로이스 초콜릿을 선물하려고 해요.

로이즈쵸코레-또오 푸레젠또시따인데스께도.

ロイズチョコレートを プレゼントしたいんですけど。

쓰기 여행 입국 준비!

현지 기념품 가게에서 물건을 살 때 점원들은 「プレゼント用(よう)(선물용)」인지 아니면 「ご自宅用(じたくよう)(내가 쓰는 용)」인지에 따라 포장을 달리하는 경우가 있어요.

내 글씨로 여행 즐기기!

- [ ]
- [ ]
- [ ]

표현 기념품 하나 더 챙기기!

① 포장해 주실 수 있나요?

랍핑구시떼 모라에마스까?

- [x] ラッピングして もらえますか。
- [ ]

② 집에 가져갈 거예요.

지타꾸요-데스.

- [x] 自宅用(じたくよう)です。
- [ ]

짐 맡길 수 있는 곳 있나요?

니모쯔오 아즈케라레루 바쇼와 아리마스까?

荷物(にもつ)を 預(あず)けられる 場所(ばしょ)は ありますか。

쓰기 여행 입국 준비!

쇼핑을 하다 보면 짐이 많아지기도 하고 혹은 들고 온 짐을 아예 맡겨 놓고 쇼핑을 시작할 수도 있지요? 짐 보관 장소가 궁금하다면 위 표현으로 문의해 보세요.

내 글씨로 여행 즐기기!

☐

☐

☐

표현 기념품 하나 더 챙기기!

❶ 안내데스크는 어디에 있나요?

인훠메-숑와 도꼬데스까?

☑ インフォメーションは どこですか。

☐

❷ 몰 안에 아이들 놀이터가 있나요?

모-루나이니 코도모노 아소비바와 아리마스까?

☑ モール内(ない)に 子(こ)どもの 遊(あそ)び場(ば)は ありますか。

☐

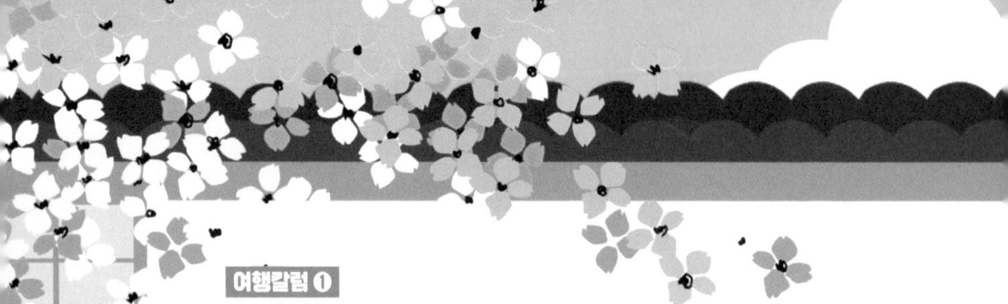

여행칼럼 ①

비가 오는 메구로강에는 짙은 풀 향기가 난다.

메구로강 주변을 따라 산책을 즐기기로 마음먹은 날
아침부터 하염없이 내리는 비에 마음이 울적하기만 했다.
시무룩해진 얼굴로 시부야역에서 토요코선을 타고 나카메구로역에 내렸다.
오전임에도 사방은 어둑어둑했고 축축하게 젖은 역 앞 풍경을 보고는
오늘 운이 참 없구나 싶었다.

강 주변으로 가기 위해 골목길을 10분 정도 걸었을까.
옅은 비바람에 춤을 추는 수많은 나무와 풀들이 눈 앞에 펼쳐졌고
바람이 불 때마다 풀 향기가 진하게 풍겨왔다.
이렇게 궂은 날씨여야만 느껴볼 수 있는 풍경이었다.

산책로 주변으로 있어야 할 노점과 가게의 야외 테이블은 모습을 감췄지만
낮게 흐르는 메구로강 사이로 넓게 우거진 수풀들이 더욱 선명하게 느껴졌다.
거기에 드문드문 카페에서 흘러나오던 재즈 음악과 고소한 커피 향기도
차분하지만 세련된 멋을 더해주었다.

날이 좋았다면 이곳 또한 많은 사람들로 붐볐을 거다.
강을 가로지르는 작은 다리에 서서 메구로강을 눈에 담는 동안
비가 와서 오히려 다행이라는 생각이 들었다.

여행칼럼 ❷

어른들의 위한 도서관

다이칸야마 츠타야 서점 代官山蔦屋書店

「代官山(다이칸야마)」는 패션, 가구, 카페, 레스토랑 등 일본 현지의 최신 트렌드를 확인할 수 있는 도쿄의 뜨거운 스팟 중 하나이다. 유행을 만들고 선도하는 일본의 트렌드 세터들이 모이는 이곳에 2011년 12월 「代官山蔦屋書店(다이칸야마 츠타야 서점)」이 오픈했다.

츠타야 서점은 「TSUTAYA」라고 하는 음악, 영상 렌탈 서비스 브랜드에서 파생된 것으로 현재는 서적뿐만 아니라 문화 관련 상품, 이벤트 등 하이컬쳐를 표방하는 복합적인 공간으로서의 모습으로 익숙해졌다. 그중에서도 다이칸야마 츠타야 서점은 어른들을 위한 '숲속 도서관'을 콘셉트로 하는 만큼 서점 외부와 내부 모두 마치 숲 안에 들어와 있는 것 같은 느낌을 준다.

인문, 교양, 취미, 실용 등 모든 분야의 책이 감각적으로 구비되어 있고 원하는 책을 골라 어디서든 자유롭게 읽을 수 있다. 많은 사람들이 책을 펼쳐 보는 것치고는 책 관리 상태가 매우 양호하여 일본 사람들이 얼마나 책을 사랑하고 아끼는지 느껴지기도 한다. 독서가 지루해질 때쯤엔 곳곳에 놓여진 문구류와 조리도구 등 다양한 굿즈를 구경해 보자.

서점 한쪽에는 스타벅스와 패밀리 마트가 있어 취식이 가능하며, 2층에는 CD를 들어 볼 수 있는 청음실과 아이들을 위한 놀이공간 그리고 레스토랑도 있어 단순한 서점이라기보다는 '복합문화공간'과 같은 느낌을 준다.

✈ 다이칸야마 츠타야 서점(代官山蔦屋書店)

주소 | 도쿄도 시부야구 사루가쿠쵸 17-5

영업시간 | 9:00~22:00

웹사이트 | https://store.tsite.jp/daikanyama

가는 길 | 도큐토요코선 '다이칸야마역' 하차

주의사항 | 서점이기 때문에 시끄럽게 떠들거나 사진을 찍는 등의 행위는 조심할 것

여행지 살펴보기

9

일본, 다시 만나자

귀국하기

❶ 기본 표현 익히기
よくできました!
❷ 기내에서 준비운동
よくできました!
❸ 공항에서 살아남기
よくできました!
❻ 현지 맛집 2배로 즐기기
よくできました!
❺ 숙소 200% 즐기기
よくできました!
❹ 교통수단 이용하기
よくできました!
❼ 현지 핫스팟 도장 깨기
よくできました!
❽ 쇼핑 만끽하기
よくできました!
❾ 귀국하기
よくできました!

표현 영상

체크아웃할게요.

첵꾸아우또오 오네가이시마스.

チェックアウトを お願(ねが)いします。

쓰기 여행 입국 준비!

생수 외에 객실 내 미니바에 비치된 유료 음료나 과자를 이용한 경우에는 체크아웃할 때 별도 요금이 부과되기 때문에 주의하셔야 해요.

내 글씨로 여행 즐기기!

☐

☐

☐

표현 기념품 하나 더 챙기기!

❶ (숙소 직원) "객실 내 미니바를 이용하셨나요?"

"미니바-노 고리요-와 사레마시따까?"

☑「ミニバーの ご利用(りよう)は されましたか。」

☐

❷ 체크아웃 시간을 연장할 수 있나요?

레이또첵꾸아우또와 카노-데스까?

☑ レイトチェックアウトは 可能(かのう)ですか。

☐

표현 영상

짐을 좀 맡아 주시겠어요?

니모쯔오 아즈캇떼 이따다케마스까?

荷物(にもつ)を 預(あず)かって いただけますか。

쓰기 여행 입국 준비!

체크아웃은 했는데 귀국편 출발 시간까지 꽤 많은 시간이 남았을 때 좀 애매하지요? 그럴 땐 직원에게 이렇게 짐 보관을 부탁해 보세요. 짐을 맡기고 나서 받는 교환권 등은 다시 짐을 찾을 때 필요하니 잘 보관하셔야 해요.

내 글씨로 여행 즐기기!

☐

☐

☐

표현 기념품 하나 더 챙기기!

① 오후 4시까지 짐을 맡아 주실 수 있나요?

고고요지마데 니모쯔오 아즈캇떼 이따다케마스까?

☑ 午後4時(ごごよじ)まで 荷物(にもつ)を 預(あず)かって いただけますか。

☐

② (숙소 직원) "이 교환권은 짐을 찾으실 때 필요합니다."

"고노 히키카에켕와 오니모쯔오 우케토루 사이니 히쯔요-데스."

☑ 「この 引換券(ひきかえけん)は お荷物(にもつ)を 受(う)け取(と)る 際(さい)に 必要(ひつよう)です。」

☐

113 공항 리무진 버스 타기

나리타 공항으로 가는 리무진 버스 승강장이 근처에 있나요?

표현 영상

나리타쿠-코-유끼 리무진바스노리바와 치까꾸니 아리마스까?

成田(なりた)空港(くうこう)行(ゆ)き リムジンバス乗(の)り場(ば)は 近(ちか)くに ありますか。

쓰기 여행 입국 준비!

공항으로 가는 가장 확실한 방법으로 리무진 버스가 있는데요. 숙소 근처에 승강장이 있는지 궁금하다면 직원에게 이렇게 문의해 보세요.

내 글씨로 여행 즐기기!

☐

☐

☐

표현 기념품 하나 더 챙기기!

❶ 이 호텔에 공항행 리무진 버스가 서나요?

고노 호테루니 쿠-코-유끼노 리무진바스와 토마리마스까?

☑ この ホテルに 空港(くうこう)行(ゆ)きの リムジンバスは 停(と)まりますか。

☐

❷ 공항으로 가는 리무진 버스 예약되나요?

쿠-코-유끼 리무진바스노 요야꾸오 오네가이데끼마스까?

☑ 空港(くうこう)行(ゆ)き リムジンバスの 予約(よやく)を お願(ねが)いできますか。

☐

114 공항 터미널 찾기

___월 ___일

제3터미널까지 가는 방법을 알려 주세요.

다이산타-미나루마데노 아쿠세스오 오시에떼 쿠다사이.

표현 영상

第3(だいさん)ターミナルまでの アクセスを 教(おし)えて ください。

쓰기 여행 입국 준비!

「アクセス」는 우리말로 하면 '(목적지까지의) 접근, 이동 방법' 정도의 의미로 영어 'Access'에서 온 말이랍니다. 항공사에 따라 사용하는 터미널이 다르기 때문에 위치를 잘 파악해 둬야 해요.

내 글씨로 여행 즐기기!

☐

☐

☐

표현 기념품 하나 더 챙기기!

① 제2터미널에서 제3터미널까지 걸어서 갈 수 있나요?

다이니타-미나루까라 다이산타-미나루마데 아루이떼 이케마스까?

☑ 第2(だいに)ターミナルから 第3(だいさん)ターミナルまで 歩(ある)いて いけますか。

☐

② 제3터미널로 가는 셔틀버스는 있나요?

다이산타-미나루에 이꾸 샤토루바스와 아리마스까?

☑ 第3(だいさん)ターミナルへ 行(い)く シャトルバスは ありますか。

☐

115 항공사 체크인 카운터 찾기

대한항공 체크인 카운터는 어디에 있나요?

다이캉코-쿠-노 첵꾸인카운타-와 도꼬데스까?

표현 영상

大韓航空(だいかんこうくう)の チェックインカウンターは どこですか。

쓰기 여행 입국 준비!

공항에서 귀국편 항공사의 체크인 카운터가 안 보일 때 당황하지 말고 위 표현으로 문의해 보세요.

내 글씨로 여행 즐기기!

☐

☐

☐

표현 기념품 하나 더 챙기기!

❶ 대한항공 체크인 카운터가 안 보여요.

다이캉코-쿠-노 첵꾸인카운타-가 미츠까리마셍.

☑ 大韓航空(だいかんこうくう)の チェックインカウンターが 見(み)つかりません。

☐

❷ 셀프 체크인 키오스크는 없나요?

지도-첵꾸인키와 아리마셍까?

☑ 自動(じどう)チェックイン機(き)は ありませんか。

☐

표현 영상

휴대용 와이파이 반납하고 싶은데요.

와이화이루-타-오 헹캬꾸시따이노데스가.

Wi-Fiルーターを 返却(へんきゃく)したいのですが。

쓰기 여행 입국 준비!

여행 첫날 빌렸던 와이파이 기기를 반납해야 한다면 다시 카운터에 찾아가 이렇게 반납하겠다고 말해보자. 「返却(へんきゃく)する」는 '(빌린 물건 등을) 반납하다, 되돌려주다'라는 뜻이에요.

내 글씨로 여행 즐기기!

☐

☐

☐

표현 기념품 하나 더 챙기기!

① 휴대용 와이파이 반납BOX(셀프 반납)는 어디에 있나요?

와이화이루-타-노 헹캬꾸복쿠스와 도꼬데스까?

☑ Wi-Fiルーターの 返却(へんきゃく)ボックスは どこですか。

☐

② 반납할 때 추가요금이 드나요?

헹캬꾸스루 토끼니 츠이까료-킹와 핫세-시마스까?

☑ 返却(へんきゃく)する 時(とき)に 追加料金(ついかりょうきん)は 発生(はっせい)しますか。

☐

표현 영상

안에 깨질 위험이 있는 물건이 있어요.

나까니 코와레야스이 모노가 하잇떼 이마스.

中(なか)に 壊(こわ)れやすい ものが 入(はい)って います。

쓰기 여행 입국 준비!

컵이나 접시 등은 꼼꼼하게 포장했더라도 깨질 위험이 있지요? 유리와 같이 조심히 다뤄야 할 물건이 짐 속에 있는 경우에는 직원에게 위 표현을 말해 보세요. 참고로 「동사 ます형+やすい」는 '~하기 쉽다'라는 의미가 있어요.

내 글씨로 여행 즐기기!

☐

☐

☐

표현 기념품 하나 더 챙기기!

❶ '파손주의 스티커'를 붙여 주시겠어요?

'후라지-루 스텍카-'오 핫떼 모라에마스까?

☑ 「フラジール・ステッカー」を 貼(は)って もらえますか。

☐

❷ 깨질 수 있는 물건이 들어 있는데 괜찮나요?

와레모노가 하잇떼 이마스가, 다이죠-부데스까?

☑ 割(わ)れ物(もの)が 入(はい)って いますが、大丈夫(だいじょうぶ)ですか。

☐

118 짐 무게 초과 협상하기

표현 영상

어떻게 안 될까요?

난또까나리마셍까?

何(なん)とかなりませんか。

쓰기 여행 입국 준비!

수하물 무게가 초과되었을 경우 초과된 만큼 추가 요금이 발생해요. 1, 2kg 정도라면 직원에 따라 눈감아 주거나 짐을 빼는 등의 다른 방법을 알려 줄지 몰라요. 근소한 차이로 초과가 돼서 직원에게 양해를 구하고 싶을 때는 이렇게 부탁해 보세요.

내 글씨로 여행 즐기기!

- [ ]
- [ ]
- [ ]

표현 기념품 하나 더 챙기기!

① 안에 있는 짐을 빼도 될까요?

나까미오 다시떼모 이-데스까?

- [x] 中身(なかみ)を 出(だ)しても いいですか。
- [ ]

② 추가요금은 얼마인가요?

츠이카료-킹와 이꾸라데스까?

- [x] 追加料金(ついかりょうきん)は いくらですか。
- [ ]

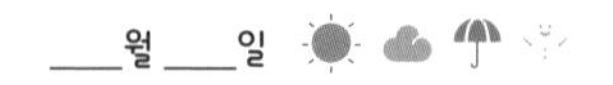

표현 영상

창가 쪽 자리로 부탁드려요.

마도기와노 세끼니 오네가이시마스.

まどぎわ　せき　ねが
窓際の 席に お願いします。

쓰기 여행 입국 준비!

창가 자리를 희망할 때 활용할 수 있어요. '통로 쪽 좌석'은 「通路側の席(つうろがわ せき)」라고 한답니다.

내 글씨로 여행 즐기기!

☐

☐

☐

표현 기념품 하나 더 챙기기!

❶ 창가 쪽 자리가 좋아요.

마도기와노 세끼가 이-데스.

まどぎわ　せき
☑ 窓際の 席が いいです。

☐

❷ 통로 쪽 좌석으로 해 주실 수 있나요?

츠-로가와노 세끼오 오네가이데끼마스까?

つう ろ がわ　せき　ねが
☑ 通路側の 席を お願いできますか。

☐

120 기내에서 약 요청하기

속이 울렁거리는데 약을 좀 받을 수 있을까요?

키붕가 와루이노데스가, 쿠스리오 모라에마스까?

気分(きぶん)が 悪(わる)いのですが、薬(くすり)を もらえますか。

쓰기 여행 입국 준비!

여행 중에 쌓인 피로와 과식 등으로 지쳐서 귀국할 즈음에는 컨디션이 안 좋은 경우가 많지요? 돌아가는 비행기에서 어쩐지 멀미가 나고 속이 안 좋을 땐 이렇게 약을 부탁해 보세요. 「気分(きぶん)が 悪(わる)い」는 '속이 울렁거리다', '매스껍다'라는 의미랍니다.

내 글씨로 여행 즐기기!

☐

☐

☐

표현 기념품 하나 더 챙기기!

❶ 저기 혹시 멀미약 있나요?

스미마셍, 요이도메와 아리마스까?

☑ すみません、酔(よ)い止(ど)めは ありますか。

☐

❷ 두통약을 가져다 주시겠어요?

즈츠-야꾸오 이따다케마스까?

☑ 頭痛薬(ずつうやく)を いただけますか。

☐

여행칼럼 ①

일본 여행,
오롯이 나와 마주했던 시간

오늘은 집으로 돌아가는 날.
미처 하지 못한 것들에 대한 아쉬움이 들지만
한편으로 두고 온 것들이 그립기도 하다.

쳇바퀴처럼 굴러가는 바쁜 일상에 쉼을 주기 위해 결정했던 일본 여행.
짧은 시간 동안 낯선 이곳에서 많은 것들을 채우고 비워냈다.
마음 가는 대로 움직여 보고 그러다 여러 번 길을 잃기도 했다.
나는 그렇게 나를 이곳에 자유롭게 내버려두어 보았다.

작은 여행 수첩에 나만의 여정을 채워가는 동안
진정한 '나'와 마주할 수 있었다.
떠나왔기에 비로소 혼자가 될 수 있었던 시간.

이제 또 다른 여정을 향해서 간다.
무엇이 기다리고 있을지 모르지만 씩씩하게 걸어 본다.
일본에서의 시간은 새로운 여정의 용기가 되어 줄 거라 믿는다.

여행칼럼 ❷

여기가 도쿄라고?

오쿠타마 奥多摩

주소는 분명 도쿄로 되어 있는데 여기저기 둘러봐도 도쿄가 아닌 것 같은 곳이 있다. 도쿄 서쪽 끝에 위치한 「奥多摩(오쿠타마)」는 '깊숙한 곳'이라는 뜻의 일본어 「奥」가 지명에 들어가 있을 만큼 도쿄 도심하고는 상당히 떨어져 있으며 깊은 산과 강 등 자연경관이 잘 보존되어 있는 곳으로 유명하다.

오쿠타마역을 나와 나무가 빽빽하게 들어찬 산 풍경을 보면 피톤치드를 마시며 무작정 걷고 싶은 충동을 느끼게 된다. 다만 효율적으로 움직이고 싶다면 역 앞에 있는 버스 정류장에서 버스를 타고 이동하는 것도 좋다.

도쿄의 식수를 책임진다고 해서 '도쿄의 오아시스'라고 불리는 오쿠타마 내 인기 명소 「奥多摩湖(오쿠타마호)」에서는 벚꽃, 단풍 등 계절에 따라 옷을 갈아입는 산 풍경을 파노라마로 볼 수 있으며 특히 「小河内ダム(오고우치댐)」에서 바라보는 풍경은 장관이다.

오쿠타마 지역에는 명산이 많은 만큼 늘 등산객들로 붐비지만 본격적인 등산을 할 게 아니라면 가볍게 「御岳山ケーブルカー(미타케산 케이블카)」를 타고 산에 올라가 보는 것을 추천하고 싶다. 로프에 매달려 가는 형태가 아닌 굴곡진 산길을 따라 놓인 레일 위를 달리기 때문에 놀이기구를 탄 것 같은 스릴을 느낄 수 있다.

오쿠타마(奥多摩)

주소 | 도쿄도 니시타마군 오쿠타마쵸 히카와 210(오쿠타마역 기준)

웹사이트 | https://www.town.okutama.tokyo.jp(오쿠타마 공식 홈페이지)

가는 길 | JR오우메선 '오쿠타마역' 하차

주의사항 | 깊은 산으로 들어갈 시 곰을 만날 수 있으니 지정 장소로만 다닐 것

여행지 살펴보기

하루 1줄,

손글씨로 채워가는 나만의 여행 수첩

여행 일본어 쓰기 수첩

나만의 도키도키 여행노트

✔ 여행 미션 체크리스트

✔ 여행 단어 모음집

자, 일본으로 떠날 준비 되셨나요?

아래 미션을 클리어하면서 나만의 설레는 여행을 만들어 보세요.

미션 번호	미션 확인	내 글씨로 완료 체크
예시	일본 공항 입국심사 직원에게 일본어로 인사하기	できた!
ミッション ❶	화장실이 어디에 있는지 물어보기	できた!
ミッション ❷	지하철역에서 교통카드 구매하고 충전하기	できた!
ミッション ❸	숙소에서 타월 추가로 부탁하기	できた!
ミッション ❹	카페에서 L사이즈 음료 주문하기	できた!
ミッション ❺	편의점에서 야식 구매하기	できた!
ミッション ❻	라멘집에서 토핑 추가 or 면 곱빼기로 주문하기	できた!
ミッション ❼	옷 가게 직원에게 다른 사이즈 물어보기	できた!
ミッション ❽	드러그 스토어에서 면세 가능한지 문의하기	できた!
ミッション ❾	핫스팟에서 사진 찍기 or 사진 찍어주기	できた!
ミッション ❿	현지 사람들과 하루에 열 마디 이상 대화 나누기	できた!

화장실이 어디에 있는지 물어보기!

미션 기록하기

언제 いつ	
어디서 どこで	
누구에게 だれに	

에피소드 메모하기

지하철역에서 교통카드 구매하고 충전하기

미션 기록하기

언제 いつ	
어디서 どこで	
누구에게 だれに	

에피소드 메모하기

숙소에서 타월 추가로 부탁하기

미션 기록하기

언제 いつ	
어디서 どこで	
누구에게 だれに	

에피소드 메모하기

카페에서 L사이즈 음료 주문하기

미션 기록하기

언제 いつ	
어디서 どこで	
누구에게 だれに	

에피소드 메모하기

편의점에서 야식 구매하기

미션 기록하기

언제 いつ	
어디서 どこで	
누구에게 だれに	

에피소드 메모하기

라멘집에서 토핑 추가 or 면 곱빼기로 주문하기

미션 기록하기

언제 いつ	
어디서 どこで	
누구에게 だれに	

에피소드 메모하기

옷 가게에서 직원에게 다른 사이즈 문의하기

미션 기록하기

언제 いつ	
어디서 どこで	
누구에게 だれに	

에피소드 메모하기

드러그 스토어에서 면세 가능한지 문의하기

미션 기록하기

언제 いつ	
어디서 どこで	
누구에게 だれに	

에피소드 메모하기

핫스팟에서 사진 찍기 or 사진 찍어주기

미션 기록하기

언제 いつ	
어디서 どこで	
누구에게 だれに	

에피소드 메모하기

현지 사람들과 하루에 열 마디 이상 대화 나누기

미션 기록하기

언제 いつ	
어디서 どこで	
누구에게 だれに	

에피소드 메모하기

하루 1줄,

나의 외국어 로망이 실현되는 순간

기내에서 활용할 수 있는 단어를 함께 정리해 봅시다.

1	通る(とお) [토-루]	지나가다, 통과하다
2	収納(しゅうのう)スペース [슈-노-스페-스]	짐 넣는 공간, 수납 공간
3	足(た)りる [타리루]	충분하다, 충족되다
4	荷物(にもつ) [니모쯔]	짐
5	上(あ)げる [아게루]	들다, 올리다
6	下(お)ろす [오로스]	(짐 등을) 내리다
7	違(ちが)う [치가우]	다르다
8	席(せき) [세끼]	자리, 좌석
9	移動(いどう)する [이도-스루]	이동하다
10	飲(の)み物(もの) [노미모노]	음료, 마실 것

11	肉(にく) [니꾸]	고기
12	魚(さかな) [사까나]	생선
13	食事(しょくじ) [쇼꾸지]	식사
14	下(さ)げる [사게루]	(접시 등을) 치우다
15	おかわり [오까와리]	리필
16	商品(しょうひん) [쇼-힝]	상품
17	化粧品(けしょうひん) [케쇼-힝]	화장품
18	クレジットカード [쿠레짓또카-도]	신용카드
19	現金(げんきん) [겡킹]	현금
20	払(はら)う [하라우]	지불하다

공항에서 활용할 수 있는 단어를 함께 정리해 봅시다.

1	観光(かんこう) [캉꼬-]	관광
2	来る(く) [쿠루]	오다
3	会う(あ) [아우]	만나다
4	日帰り(ひがえ) [히가에리]	당일치기
5	泊まる(と) [토마루]	묵다, 숙박하다
6	家(いえ) [이에]	집
7	受け取る(う, と) [우케토루]	찾다
8	行く(い) [이꾸]	가다
9	出る(で) [데루]	나오다
10	スーツケース [스-츠케-스]	캐리어

11	申告(しんこく)する [싱코꾸스루]	신고하다
12	中身(なかみ) [나까미]	안에 든 것, 내용물
13	見(み)せる [미세루]	보여주다
14	お土産(みやげ) [오미야게]	기념품, 선물
15	使(つか)う [츠까우]	사용하다
16	手数料(てすうりょう) [테스-료-]	수수료
17	教(おし)える [오시에루]	가르치다, 알려주다
18	料金(りょうきん) [료-킹]	요금
19	予約(よやく)する [요야꾸스루]	예약하다
20	乗車券(じょうしゃけん) [죠-샤켕]	승차권

교통수단에서 활용할 수 있는 단어를 함께 정리해 봅시다.

1	入(い)れる [이레루]	넣다
2	住所(じゅうしょ) [쥬-쇼]	주소
3	止(と)める [토메루]	멈추다, 세우다
4	出(だ)す [다스]	꺼내다, 빼다
5	買(か)う [카우]	사다
6	チャージする [챠-지스루]	(요금 등을) 충전하다
7	もう一度(いちど) [모-이찌도]	한번 더
8	タッチする [탓치스루]	닿다, 대다, 접촉하다
9	電車(でんしゃ) [덴샤]	전철
10	停(と)まる [토마루]	(역 등에) 정차하다, 멈추다

11	駅(えき) [에끼]	역
12	最短(さいたん)ルート [사이딴루-또]	제일 빠른 루트
13	乗(の)り換(か)える [노리카에루]	환승하다, 갈아타다
14	改札口(かいさつぐち) [카이사쯔구찌]	개찰구
15	残高(ざんだか) [잔다까]	잔액
16	エラー [에라-]	에러, 오류
17	片道(かたみち) [카따미찌]	편도
18	出発(しゅっぱつ)する [슙빠쯔스루]	출발하다
19	歩(ある)く [아루꾸]	걷다
20	近(ちか)い [치까이]	가깝다

숙소에서 활용할 수 있는 단어를 함께 정리해 봅시다.

1	チェックイン [첵꾸잉]	체크인
2	提示(ていじ)する [테-지스루]	제시하다
3	朝食(ちょうしょく) [쵸-쇼꾸]	조식, 아침 식사
4	大浴場(だいよくじょう) [다이요꾸죠-]	대중목욕탕
5	会場(かいじょう) [카이죠-]	(행사 등이) 열리는 곳, 회장
6	当日(とうじつ) [토-지쯔]	당일
7	申(もう)し込(こ)む [모-시코무]	신청하다
8	高層階(こうそうかい) [코-소-카이]	높은 층, 고층
9	アメニティ [아메니티]	일회용품, 어메니티
10	変更(へんこう)する [헹코-스루]	변경하다

11	ジム [지무]	헬스장
12	プール [푸-루]	수영장
13	運(はこ)ぶ [하코부]	옮기다, 운반하다
14	変(か)える [카에루]	바꾸다, 변화시키다
15	汚(きたな)い [키따나이]	더럽다
16	髪(かみ)の毛(け) [카미노케]	머리카락
17	落(お)ちる [오찌루]	떨어지다
18	掃除(そうじ) [소-지]	청소
19	補充(ほじゅう) [호쥬-]	보충
20	起(お)こす [오코스]	깨우다

음식점에서 활용할 수 있는 단어를 함께 정리해 봅시다.

1	ディカフェ [디카훼]	디카페인
2	～ぬき [~누키]	~빼고
3	持(も)ち帰(かえ)り [모찌카에리]	테이크 아웃, 포장
4	タバコ [타바꼬]	담배
5	吸(す)う [스우]	(담배 등을) 피다, 들이마시다
6	半分(はんぶん) [함붕]	반, 절반
7	会計(かいけい) [카이케-]	계산, 대금 지불
8	お通(とお)し [오토-시]	기본 안주
9	おしぼり [오시보리]	물수건
10	～人前(にんまえ) [~닌마에]	~인분

11	合(あ)う [아우]	맞다, 어울리다
12	注文(ちゅうもん)する [츄-몬스루]	주문하다
13	焼(や)く [야꾸]	굽다, 부치다
14	入(はい)る [하이루]	들어가다, 들어오다
15	単品(たんぴん) [탐삥]	단품
16	少(すく)なめ [스꾸나메]	적은 양
17	トッピング [톱핑구]	토핑
18	切(き)る [키루]	자르다
19	召(め)し上(あ)がる [메시아가루]	드시다
20	取(と)る [토루]	들다, 쥐다

관광지에서 활용할 수 있는 단어를 함께 정리해 봅시다.

1	写真(しゃしん) [샤싱]	사진
2	撮(と)る [토루]	(사진 등을) 찍다, 촬영하다
3	チケット売(う)り場(ば) [치켓또우리바]	티켓 판매소, 매표소
4	探(さが)す [사가스]	찾다
5	入場口(にゅうじょうぐち) [뉴-죠-구찌]	입장하는 곳, 입구
6	観光(かんこう)スポット [캉꼬-스폿또]	관광지, 관광 스팟
7	利用方法(りようほうほう) [리요-호-호-]	이용 방법
8	説明(せつめい)する [세쯔메-스루]	설명하다
9	自転車(じてんしゃ) [지뗀샤]	자전거
10	返却(へんきゃく)する [헹캬꾸스루]	반납하다

11	お支払(しはら)い [오시하라이]	결제
12	回(まわ)す [마와스]	돌리다, 회전시키다
13	種類(しゅるい) [슈루이]	종류
14	名物(めいぶつ) [메-부쯔]	명물
15	有名(ゆうめい)だ [유-메-다]	유명하다
16	結(むす)ぶ [무스부]	묶다, 매다
17	受(う)け付(つ)ける [우케츠케루]	접수하다
18	最寄(もよ)り駅(えき) [모요리에끼]	가장 가까운 역
19	便利(べんり)だ [벤리다]	편리하다
20	乗(の)り物(もの) [노리모노]	놀이기구, 탈 것

쇼핑할 때 활용할 수 있는 단어를 함께 정리해 봅시다.

1	レジ [레지]	계산대
2	服(ふく) [후꾸]	옷
3	小(ちい)さい [치-사이]	작다
4	大(おお)きい [오-키-]	크다
5	色違(いろちが)い [이로치가이]	다른 색상
6	靴(くつ) [쿠쯔]	신발, 구두
7	濡(ぬ)れる [누레루]	(비, 물 등에) 젖다
8	きつい [키쯔이]	꽉 끼다, 빡빡하다
9	限定(げんてい) [겐테-]	한정
10	～しか [~시까]	~만, ~밖에

11	売(う)れる [우레루]	팔리다, 판매되다
12	試(ため)す [타메스]	시험해 보다, 착용해 보다
13	古着(ふるぎ) [후루기]	구제 옷, 빈티지 옷
14	免税(めんぜい) [멘제-]	면세
15	目薬(めぐすり) [메구스리]	안약
16	食(しょく)あたり [쇼꾸아타리]	배탈, 식중독
17	効(き)く [키꾸]	(약 등이) 듣다, 효과가 있다
18	販売(はんばい)する [함바이스루]	판매하다
19	新(あたら)しい [아따라시-]	새롭다
20	賞味期限(しょうみきげん) [쇼-미키겐]	유통기한

귀국할 때 활용할 수 있는 단어를 함께 정리해 봅시다.

1	チェックアウト [첵꾸아우또]	체크아웃
2	ミニバー [미니바-]	(객실 내) 미니바
3	利用(りよう)する [리요-스루]	이용하다
4	レイトチェックアウト [레이또첵꾸아우또]	체크아웃 시간 연장
5	可能(かのう)だ [카노-다]	가능하다
6	預(あず)かる [아즈카루]	(짐 등을) 맡다
7	引換券(ひきかえけん) [히키카에껭]	교환권
8	必要(ひつよう)だ [히쯔요-다]	필요하다
9	乗(の)り場(ば) [노리바]	승강장, 정류장
10	シャトルバス [샤토루바스]	셔틀버스

11	チェックインカウンター [첵꾸인카운타-]	(항공사) 체크인 카운터
12	見(み)つかる [미츠까루]	발견되다, 찾게 되다
13	自動(じどう)チェックイン機(き) [지도-첵꾸인키]	셀프 체크인 키오스크
14	追加料金(ついかりょうきん) [츠이까료-킹]	추가 요금
15	発生(はっせい)する [핫세-스루]	발생하다
16	フラジール・ステッカー [후라지-루 스텍카-]	파손주의 스티커
17	貼(は)る [하루]	붙이다, 부착하다
18	割(わ)れ物(もの) [와레모노]	깨지기 쉬운 물건
19	窓際(まどぎわ) [마도기와]	창가 쪽
20	酔(よ)い止(ど)め [요이도메]	멀미약

MEMO

MEMO

나의 하루 1줄 여행 일본어 쓰기 수첩

초판발행	2024년 07월 25일 (인쇄 2024년 06월 24일)
발 행 인	박영일
책임편집	이해욱
저 자	이동준
편집진행	이동준
표지디자인	조혜령
편집디자인	임아람, 채현주
일러스트	전성연
발 행 처	시대인
공 급 처	(주)시대고시기획
출판등록	제 10-1521호
주 소	서울시 마포구 큰우물로 75 [도화동 538 성지 B/D] 9F
전 화	1600-3600
팩 스	02-701-8823
홈페이지	www.sdedu.co.kr

I S B N	979-11-383-7367-8 (13730)
정 가	15,000원